JOHANNA STEGEMANN

STERZ

— KOCHBUCH —

Alle Ratschläge in diesem Buch wurden vom Autor und vom Verlag sorgfältig erwogen und geprüft. Eine Garantie kann dennoch nicht übernommen werden. Eine Haftung des Autors beziehungsweise des Verlags für jegliche Personen-, Sach- und Vermögensschäden ist daher ausgeschlossen.

Email: info@edition-lunerion.de
www.edition-lunerion.de

Psiana eCom UG
Berumer Str. 44
26844 Jemgum

Vorwort

Sterz ist karges Armeleute-Essen? Von wegen! Denn die frühere Brotzeit einfacher Arbeiter und Bauern hat sich längst zu einer kulinarischen Vielfalt und Raffinesse entwickelt, die ihresgleichen sucht: Ob mit feinem Filet, edlem Fisch, frischem Gemüse oder verführerischen Nasch-Noten – in diesem Kochbuch entdecken Sie die grenzenlose Vielfalt köstlicher Sterz-Kreationen!

Mehl in die Pfanne, Wasser und Fett dazu, verkrümeln und fertig: Einfacher geht es kaum und zugegeben, für sich genommen ergäbe das wohl keine Festtagsschlemmerei. Der große Trumpf von Sterz ist jedoch seine legendäre Wandelbarkeit, denn er lässt sich nahezu endlos kombinieren, neu interpretieren und in köstliche Gerichte aller Art integrieren. Also geben Sie den einfachen Krümeln eine Chance und finden Sie in diesem Buch heraus, was Sie auf Basis der herrlich unkomplizierten Bröckchen alles zaubern können. Ob Mais-, Mehl-, Kartoffel- oder Bohnensterz, simple Grundvarianten-Rezepte ergeben mit Steak, Muscheln, knackigem Gemüse, in Suppen, im Dessert oder sogar als Pizzateig wahlweise alltagstaugliche oder erlesene Geschmackskreationen, bei denen Veggies, Fleischfans, Fisch-Freaks und Naschkatzen gleichermaßen auf ihre Kosten kommen.

INHALT

Wissenswertes über Sterz

Hier erfahren Sie alles Wissenswerte über die Besonderheit von Sterz und kleinere Tipps und Tricks für die perfekte Aufbewahrung und Zubereitung.

Die LAGERUNG ist bei Getreide und Harthülsenfrüchten immer essenziell, denn diese sollten dunkel und vor allem trocken gelagert werden, um eine Schimmelbildung zu vermeiden.

Was ist STERZ? Sterz ist eine Zubereitungsart verschiedener Speisen in klein zerbröselter oder bröckeliger Form. Zumeist besteht es aus Buchweizenmehl, Maisgrieß, Kartoffeln, Roggenmehl, Weizengrieß oder auch Bohnen. Bei der Auswahl der Zutaten und der Zubereitungsart kommt es vor allem auf das jeweilige Land an. So wird in der Türkei zum Beispiel sehr gerne Maisgrieß verwendet.

Etwas GESCHICHTLICHES über Sterz, das früher als Armeleuteessen galt. Doch die Beliebtheit ist nicht abgeschwächt, auch heute kann man die beliebte Zubereitungsart finden. In der Steiermark zum Beispiel wird es gängig mit Schmalz als Frühstück serviert. Sterz hat heutzutage ebenso wie früher viele unterschiedliche Namen. Je nach Region ist es als Muas, Riebel, Frigga, Zganci oder auch Ajdovi Zganci bekannt.

Der Unterschied zwischen STERZ & POLENTA liegt vor allem in der Zubereitungsart. Der in der Türkei zubereitete Sterz ist wie die Polenta aus Maisgrieß. Jedoch wird nach der Zubereitung des Sterzes dieser gerissen.

TIPPS UND TRICKS FÜR DIE ZUBEREITUNG

Dank der besonderen Form lässt sich Sterz leicht und vor allem schnell zubereiten. Ein weiterer Pluspunkt ist, dass diese Gerichte ebenfalls sehr einfach unterwegs zubereitet werden können. Dafür können alle trockenen Zutaten zusammengemischt in einer Dose mit Deckel transportiert und kurz vor dem Verzehr mit heißem Wasser vermischt werden. Die Quellzeit kann genutzt werden, um sich einen schönen Platz zum Genuss zu suchen.

Die verschiedenen Sterz-Arten bieten Abwechslung und eine wahre Geschmacksreise. Sterz wird fast auf der ganzen Welt genossen, wenn auch unter unterschiedlichen Namen. Ein wirklich bekannter Trick bei der Zubereitung ist, die trockenen Zutaten, wie das Mehl, zuvor in einer Pfanne zu erhitzen. Es röstet leicht an und bekommt ein ganz besonderes Aroma.

Achten Sie auf eine gute Qualität Ihrer Hülsenfrüchte sowie des Mehls und des Grießes. Nur mit einer guten Qualität kann auch ein hervorragender Geschmack entwickelt werden.

In der Küche beim Kochen ist erlaubt, was gefällt und bekanntlich isst vor allem das Auge mit. Sterz ist exzellent geeignet, um in Form gebracht zu werden. Dafür eine Wunschform leicht mit etwas Wasser ausspülen, den Sterz hineindrücken und auf einen Teller oder eine Platte stürzen. Danach mit beliebigen Zutaten garnieren.

Grundarten

MAISGRIEẞSTERZ

4 Port.

25 Min.

Leicht

Zutaten

1 Prise Salz
800 ml Wasser
100 g Schmalz vom Schwein
250 g Polenta

Nährwerte p. P.

443 kcal
46 g Kohlenhydrate
25 g Fett
5 g Eiweiß

1 Das Wasser in einen großen Topf geben und mit dem Salz aufkochen lassen. Die Polenta einrühren und mit geschlossenem Deckel bei geringer Wärmezufuhr für 15 - 20 Minuten garen lassen.

2 Eine Pfanne erhitzen und das Schmalz schmelzen. Mit dem Sterz vermischen und diesen zerbröseln und auf einer Platte oder einem Teller anrichten und servieren.

KARTOFFELSTERZ

6 Port.

45 Min.

Leicht

Zutaten

1 kg Kartoffeln
100 g Mehl
1 Prise Salz
2 EL Butter

Nährwerte p. P.

513 kcal
71 g Kohlenhydrate
20 g Fett
8 g Eiweiß

1 Die Kartoffeln unter frischem Wasser waschen und abtrocknen, die Schale entfernen und die geschälten Kartoffeln in Stücke schneiden. Diese in einem großen Topf mit Salzwasser für 15 Minuten kochen und abgießen. Die Kartoffeln erkalten lassen.

2 Nun die Kartoffeln zu einem Püree zerdrücken und die restlichen Zutaten hinzugeben. Alles in eine Pfanne bröseln und goldbraun anrösten. Frisch servieren.

MISCHMEHLSTERZ

4 Port.

25 Min.

Leicht

Zutaten

1 Prise Salz
50 g Schmalz
200 g Weizenmehl
500 ml Wasser, heiß
200 g Roggenmehl

Nährwerte p. P.

447 kcal
68 g Kohlenhydrate
13 g Fett
9 g Eiweiß

1 Eine beschichtete Pfanne erhitzen und die Mehlsorten sowie das Salz miteinander vermischen.

2 Die Mehlmischung in der Pfanne anrösten und nach und nach mit dem Wasser vermischen. Das Schmalz untermischen und alles zu einer krümeligen Masse braten. Frisch servieren.

BUCHWEIZENSTERZ

4 Port.

45 Min.

Leicht

Zutaten

1 EL Salz
500 g Buchweizenmehl
100 g Butterschmalz
1,5 l Wasser

Nährwerte p. P.

658 kcal
97 g Kohlenhydrate
26 g Fett
6 g Eiweiß

1 Das Wasser mit dem Salz in einem großen Topf erhitzen und das Mehl auf einmal hineingeben. Den Deckel ohne Umrühren auf den Topf legen und alles für 20 Minuten bei geringer Wärmezufuhr köcheln lassen.

2 Das überschüssige Wasser abgießen und den Sterz zerteilen. Es sollten kleine Brösel entstehen. In einer Pfanne das Butterschmalz erhitzen, dieses unter den Sterz geben und gut vermischt 15 Minuten ruhen lassen. Dann anrichten und servieren.

WEIẞE BOHNEN BURGENLÄNDER STERZ

4 Port.

35 Min.

Leicht

Zutaten

500 g Bohnen, weiß aus der Dose, abgetropft
2 EL Butterschmalz
750 ml Wasser, warm
500 g Roggenmehl
1 TL Salz

Nährwerte p. P.

756 kcal
134 g Kohlenhydrate
10 g Fett
22 g Eiweiß

1 Das Mehl sowie das Butterschmalz mit dem Salz in einer beschichteten Pfanne erhitzen und anrösten, bis es leicht angebräunt ist. Dann langsam das Wasser hinzugießen und alles gut vermischen.

2 Die Mischung so lange köcheln lassen, bis das Wasser komplett aufgenommen ist und dann die Bohnen hinzugeben. Alles leicht zerbröseln und den Burgenländer Sterz frisch servieren.

WEIZEN BRENNSTERZ

4 Port. 35 Min. Leicht

Zutaten

70 g Butterschmalz
1 TL Salz
500 ml Wasser, kochend
400 g Weizenmehl

Nährwerte p. P.

493 kcal
70 g Kohlenhydrate
18 g Fett
10 g Eiweiß

1 Das Mehl mit dem Salz in eine große Schüssel geben. Das Wasser in drei Teilen hineingeben und mit einer Gabel zu groben Stücken vermischen.

2 Eine Pfanne erhitzen und das Butterschmalz schmelzen, den Sterz darin anrösten und frisch servieren.

Tipp: Eignet sich auch als Einlage für Suppen.

Frühstück

MAISGRIEßSTERZ MIT SPECK

4 Port.

20 Min.

Leicht

Zutaten

1 EL Butter
200 g Bacon in Streifen
1 Prise Salz
800 ml Wasser
100 g Schmalz vom Schwein
250 g Polenta

Nährwerte p. P.

654 kcal
46 g Kohlenhydrate
44 g Fett
14 g Eiweiß

1 Eine beschichtete Pfanne erhitzen und die Polenta hineingeben. Diese leicht anrösten und einen großen Topf mit dem Wasser erhitzen. Das Salz einrühren und die Polenta hinzugeben. Alles aufkochen und für 10 - 15 Minuten bei schwacher Hitze köcheln lassen.

2 In der Pfanne in der Zwischenzeit den Bacon anbraten und auf einem Küchentuch abtropfen lassen.

3 Das Schmalz schmelzen und die Polenta zerbröseln. Auf einem Teller anrichten, etwas Schmalz sowie Bacon darüber geben und servieren.

KARTOFFEL-STERZAUFLAUF MIT ÄPFELN UND WALNÜSSEN

4 Port.

25 Min.

Leicht

Zutaten

1 kg Kartoffeln, gekocht
200 ml Sahne
1 Prise Salz
½ TL Zimt
2 EL Butter
100 g Mehl
2 Äpfel, in Spalten
100 g Walnüsse
3 EL Honig

Nährwerte p. P.

623 kcal
65 g Kohlenhydrate
33 g Fett
11 g Eiweiß

1 Den Backofen auf 180 °C Umluft vorheizen.

2 Die gekochten Kartoffeln reiben und mit dem Mehl, dem Salz sowie dem Zimt vermischen.

3 Diese Streusel in der Pfanne anrösten, eine Auflaufform bereitstellen und die braunen Streusel mit der Sahne hineingeben, die Äpfel darauf verteilen und die Walnüsse in der Pfanne rösten.

4 Den Honig darüber geben und die Nüsse für weitere 2 - 3 Minuten rösten, danach auf ein Backpapier geben und erkalten lassen. Darauf achten, dass die Nüsse nicht aneinander liegen.

5 Den Auflauf für zehn Minuten im Backofen garen lassen und mit den Nüssen garniert servieren.

ZIMT & ZUCKER-STERZ

4 Port.

25 Min.

Leicht

Zutaten

1 l Wasser
300 g feine Polenta
3 EL Butter
2 EL Zucker
1 EL Zimt
8 g Ingwer, gerieben
½ TL Kardamom, gemahlen

Nährwerte p. P.

357 kcal
64 g Kohlenhydrate
7 g Fett
6 g Eiweiß

1 Das Wasser aufkochen, die Polenta hineingeben und alles für 10 - 15 Minuten köcheln lassen. Zimt und Zucker untermischen und Kardamom einrühren.

2 Die Mischung vom Herd nehmen, die Butter und den Ingwer untermischen und alles für fünf Minuten ausdampfen lassen. In grobe Stücke zerteilt auf einem Teller anrichten und servieren.

PFANNENSTERZ MIT PFLAUMEN

4 Port.

25 Min.

Leicht

Zutaten

1 TL Zimt
1 EL Zucker
1 Prise Salz
6 Pflaumen, gehackt
50 g Butter
200 g Weizenmehl
500 ml Wasser
200 g Roggenmehl

Nährwerte p. P.

470 kcal
78 g Kohlenhydrate
11 g Fett
9 g Eiweiß

1 Das Mehl vermischen und mit Salz, Zucker und Zimt in einer beschichteten Pfanne anrösten. Das Wasser dazugeben und aufkochen lassen. Alles gut vermischen.

2 Die Butter untermischen und alles bröckelig verarbeiten. Den Sterz auf einer Platte anrichten und die Pflaumen in der Pfanne kurz anrösten. Darüber geben und frisch servieren.

HEIDENSTERZ-FRÜHSTÜCK

4 Port.

35 Min.

Leicht

Zutaten

1 EL Salz
500 g Buchweizenmehl
100 g Butterschmalz
1 Zwiebel, gehackt
1,5 l Wasser
1 Paprika rot, gehackt
200 g Spinat, frisch

Nährwerte p. P.

713 kcal
103 g Kohlenhydrate
28 g Fett
8 g Eiweiß

1 Das Wasser in einem großen Topf erhitzen und das Mehl auf einmal hineingeben. Ohne Umrühren den Deckel auf den Topf legen und alles für 20 Minuten bei geringer Wärmezufuhr köcheln lassen.

2 Das überschüssige Wasser abgießen und den Sterz zerteilen. Es sollten kleine Brösel entstehen.

3 In einer Pfanne das Butterschmalz erhitzen und mit den restlichen Zutaten vermischen. Die Mischung unter den Sterz geben und gut vermischt 15 Minuten ruhen lassen. Dann anrichten und servieren.

GEFÜLLTE EIER MIT STERZ

4 Port. 45 Min. Leicht

Zutaten

8 Eier, hartgekocht
3 EL Petersilie, gehackt
1 EL Schnittlauch, gehackt
1 TL Limettensaft
2 EL Senf
1 l Wasser
½ TL Salz
300 g feine Polenta
3 EL Butter

Nährwerte p. P.

458 kcal
57 g Kohlenhydrate
17 g Fett
16 g Eiweiß

1 Die Eier pellen und halbieren, das Eigelb in einer Schüssel aufbewahren und mit den Kräutern und dem Senf und dem Limettensaft vermischen.

2 Das Wasser mit dem Salz in einem Topf erhitzen und den Grieß hineingeben. Alles für 20 Minuten köcheln lassen und die Butter untermischen. Die Mischung für zehn Minuten quellen lassen und diese anschließend zerbröseln.

3 Die Eier mit der Ei-Mischung befüllen und zusammen mit dem Sterz servieren.

STERZ MIT FRÜCHTESALAT

 4 Port.
 45 Min.
 Leicht

Zutaten

1 EL Butter
500 g Buchweizenmehl
1 EL Zimt
1 EL Honig
1 Apfel, gehackt
100 g Weintrauben, halbiert
50 g Pistazien, nicht gesalzen
100 g Butterschmalz
4 EL Orangensaft
1,5 l Wasser

Nährwerte p. P.

814 kcal
113 g Kohlenhydrate
34 g Fett
9 g Eiweiß

1 Das Wasser erhitzen und den Zimt hineingeben. Das Mehl in einem Zug hineinfüllen und alles 20 Minuten bei geringer Hitze mit dem Deckel bedeckt köcheln lassen. Das übrige Wasser abgießen und das Schmalz sowie die Butter untermischen.

2 Die Mischung auseinanderreißen und auf einer Platte anrichten. Das Obst in einer beschichteten Pfanne anrösten und mit dem Orangensaft ablöschen. Den Honig einrühren und alles zusammen mit dem Sterz servieren.

STERZWAFFELN

4 Port.
35 Min.

Leicht

Zutaten

1 kg Kartoffeln, gekocht
1 Prise Salz
3 EL Butter
100 g Mehl
80 g Baconwürfel
4 EL Schnittlauch, in Ringen

Nährwerte p. P.

422 kcal
61 g Kohlenhydrate
13 g Fett
10 g Eiweiß

1 Das Waffeleisen erhitzen und bei Bedarf einfetten.

2 Die Kartoffeln reiben, mit dem Mehl und dem Salz vermischen und mit Speck und Schnittlauch verkneten.

3 Nun aus der Masse kleine Kugeln formen und diese nach und nach im Waffeleisen ausbacken.

STERZ MIT HIMMEL UND HÖLLE

4 Port.

45 Min.

Leicht

Zutaten

1 kg Kartoffeln, gekocht
200 ml Sahne
1 Prise Salz
2 EL Butter
100 g Mehl
100 g Blutwurst
100 g Leberwurst, grob

Nährwerte p. P.

561 kcal
63 g Kohlenhydrate
26 g Fett
14 g Eiweiß

1 Den Backofen auf 180 °C Umluft vorheizen und eine Auflaufform bereitstellen.

2 Die Kartoffel zerstampfen und mit Butter, Mehl und Salz vermischen. Die Mischung in einer Pfanne anrösten und in die Auflaufform füllen. Die Sahne darüber geben und eine Hälfte mit Leberwurst sowie eine Hälfte mit der Blutwurst bedecken.

3 Alles für 10 - 15 Minuten im Backofen garen, den Sterz mit zwei Löffeln auseinanderreißen und heiß servieren.

STERZPFANNE

4 Port.

25 Min.

Leicht

Zutaten

1 kg Kartoffeln, gekocht
100 g Mehl
1 Prise Salz
1 Prise Pfeffer
1 Zwiebel, gehackt
1 Knoblauchzehe, gerieben
2 EL Butter

Nährwerte p. P.

337 kcal
63 g Kohlenhydrate
4 g Fett
6 g Eiweiß

1 Die Kartoffeln zu einem Püree zerdrücken und mit Mehl, Salz, Pfeffer, Zwiebel und Knoblauch vermischen.

2 Die Mischung in einer Pfanne anrösten und mit der Butter vermischen. Alles für zehn Minuten bei geringer Hitze schön braun anrösten.

3 Auf einem Teller anrichten und frisch servieren.

Suppen

SALSA-SUPPE MIT KARTOFFELSTERZ

4 Port.

45 Min.

Leicht

Zutaten

1 kg Kartoffeln, gekocht
100 g Mehl
1 Prise Salz
2 EL Butter
½ Bund Petersilie, gehackt
½ Bund Schnittlauch, gehackt
1 Chili, gehackt
1 kg Strauchtomaten
2 rote Paprika, gehackt
2 EL Sojasauce
250 ml Brühe
200 ml Sahne

Nährwerte p. P.

541 kcal
75 g Kohlenhydrate
18 g Fett
12 g Eiweiß

1 Die Kartoffeln zu einem Brei vermischen und mit Mehl, Salz und Butter zerbröseln.

2 Eine Pfanne erhitzen und die Mischung anrösten, bis diese schön krümelig ist. Zur Seite stellen und die Tomaten waschen.

3 Diese abtrocknen und kleinhacken, zusammen mit den Chilis und den Kräutern, der Paprika und der Sahne sowie der Brühe vermischen und aufkochen.

4 Alles 15 Minuten köcheln lassen, die Sojasauce einrühren und die Suppe mit einem Pürierstab pürieren. Die Suppe mit dem Sterz servieren.

SAURE STERZSUPPE

2 Port.

25 Min.

Leicht

Zutaten

2 EL Apfelessig
1 TL Kreuzkümmel, gemahlen
1 l Wasser, heiß
2 EL Weizenmehl
8 EL Sauerrahm
2 EL Butter
1 Prise Salz
250 g Roggenmehl
2 l Wasser, heiß

Nährwerte p. P.

578 kcal
91 g Kohlenhydrate
15 g Fett
13 g Eiweiß

1 Den Sauerrahm mit einem Liter Wasser, Kümmel und Apfelessig vermischen. Das Weizenmehl einrühren und diese Mischung zu einer Suppe aufkochen.

2 Zwei Liter Wasser mit Salz in einem anderen Topf erhitzen und das Roggenmehl hineingeben. Alles für 15 Minuten ziehen lassen und das Wasser abgießen. Sterz zerkleinern und mit der Suppe anrichten.

SÜßE STERZSUPPE

2 Port.

20 Min.

Leicht

Zutaten

1 TL Zimt
1 Prise Salz
1 EL Zucker
3 EL Maisgrieß
125 ml Wasser
2 EL Milch

Nährwerte p. P.

144 kcal
29 g Kohlenhydrate
0 g Fett
3 g Eiweiß

1 Das Salz mit Zimt, Wasser und Grieß vermischen und aufkochen.

2 Die Milch einrühren und alles für zehn Minuten quellen lassen. Die Suppe erneut umrühren, zuckern und servieren

TÜRKISCH STERZSUPPE

 4 Port.

 40 Min.

 Leicht

Zutaten

2 Kartoffeln, in Würfel
300 g Maisgrieß
750 ml Wasser
Salz & Pfeffer
50 g Butter
1 Karotte, in Scheiben
1 Selleriestange, in Stücke
1 Petersilienwurzel, in Stücke
500 g Pilze, Waldpilze
2 EL Gemüsebrühe, instant

Nährwerte p. P.

32 kcal
6 g Kohlenhydrate
0 g Fett
0 g Eiweiß

1 Das Wasser aufkochen, Maisgrieß und Salz einrühren und alles ca. zehn Minuten köcheln lassen. Danach den Sterz ruhen lassen.

2 Das Gemüse, Salz, Pfeffer sowie die Pilze in einen großen Topf geben. Alles mit so viel Wasser bedecken, dass es bedeckt ist.

3 Die Suppe für 20 Minuten zum Köcheln bringen und gelegentlich umrühren. Die Butter schmelzen und über den Sterz geben. Diesen zerbröseln und die Suppe mit Salz und Pfeffer sowie der Gemüsebrühe abschmecken. Beides zusammen servieren.

BUCHWEIZENSTERZ MIT ASIASUPPE

4 Port.

35 Min.

Leicht

Zutaten

1 EL Salz
500 g Buchweizenmehl
100 g Butterschmalz
1 l Rinderbrühe
500 g Asiatisches Gemüse, TK
2 EL Sojasauce
1 EL Butter
1 TL Fischsauce
1 Zwiebel, gehackt
1,5 l Wasser, heiß für Sterz

Nährwerte p. P.

798 kcal
107 g Kohlenhydrate
35 g Fett
11 g Eiweiß

1 Das Wasser mit dem Salz für den Sterz aufkochen und das Mehl mit einer fließenden Bewegung hinzufügen. Den Kochtopfdeckel auflegen und alles für 20 Minuten bei seichter Hitze quellen lassen. Das Wasser abgießen und den Sterz zerteilen, bis dieser krümelig ist.

2 Die Butter schmelzen, Zwiebel und das asiatische Gemüse anbraten und mit der Rinderbrühe aufkochen. Alles für 15 Minuten köcheln lassen und die Sojasauce sowie die Fischsauce einrühren.

3 Eine Pfanne erhitzen und das Butterschmalz schmelzen. Sterz darin anbraten und mit der Suppe servieren.

SENFSUPPE MIT WEIZENSTERZ

2 Port.

35 Min.

Leicht

Zutaten

300 g Maisgrieß
750 ml Wasser
Salz & Pfeffer
25 g Senf, scharf
500 ml Milch
3 EL Butter, weich
4 EL Weizenmehl
1 EL Gemüsebrühe, instant
1 Prise Muskatnuss, gerieben
50 g Butter

Nährwerte p. P.

993 kcal
118 g Kohlenhydrate
45 g Fett
23 g Eiweiß

1 Das Salz mit dem Wasser vermischen und aufkochen, Maisgrieß untermischen und alles für 20 Minuten bei leichter Hitze garen lassen. Die 50 g Butter erhitzen und den Sterz hineingeben, auseinanderbröseln lassen und zur Seite stellen.

2 In einem weiteren Topf die drei Esslöffel Butter schmelzen, die vier Esslöffel Weizenmehl untermischen und schrittweise unter ständigem Rühren die Milch hineingeben. Diese immer wieder aufkochen lassen und gut durchrühren, bis keine Klumpen mehr vorhanden sind.

3 Die Gemüsebrühe, Muskatnuss, Pfeffer und den Senf untermischen und alles mit dem Sterz servieren.

KALTE STERZSUPPE

 4 Port.
 45 Min.
 Leicht

Zutaten

2 Becher Schmand
3 Becher saure Sahne
3 Zitronen, ausgepresst
10 Eier, verquirlt
1 Packung Frankfurter Grüne Sauce
4 EL Milch
Salz & Pfeffer
1 kg Kartoffeln, gekocht
100 g Mehl
1 Prise Salz
2 EL Butter

Nährwerte p. P.

694 kcal
35 g Kohlenhydrate
52 g Fett
21 g Eiweiß

1 Kräuter, Zitronensaft und Milch in einen Mixer geben. Alles zusammen pürieren. In einer großen Schale den Schmand und die saure Sahne vermischen. Salz, Pfeffer, pürierte Kräuter und die Eier vermischen.

2 Kartoffeln, Mehl und Salz zu einem glatten Teig rühren. Den Teig in eine heiße Pfanne geben und anrösten, die Butter dazugeben und alles goldbraun anrösten. Zusammen mit der Suppe servieren.

MÖHRENSUPPE MIT BOHNENSTERZ

4 Port.

35 Min.

Leicht

Zutaten

500 g Bohnen, weiß aus der Dose, abgetropft
2 EL Butterschmalz
750 ml Wasser, warm
500 g Roggenmehl
1 TL Salz
1 kg Möhren, in Scheiben
¼ Bund Dill, gehackt
5 Stängel Liebstöckel
200 ml Sahne
500 ml Gemüsebrühe
Salz & Pfeffer

Nährwerte p. P.

1443 kcal
219 g Kohlenhydrate
32 g Fett
60 g Eiweiß

1 Das Mehl anrösten und mit dem Wasser sowie einem Teelöffel Salz vermischen, alles aufkochen und für 20 Minuten quellen lassen. Das Butterschmalz darüber geben und alles zerbröseln. Die Bohnen untermischen und den Sterz mit ausgeschalteter Hitze quellen lassen.

2 Die Möhren mit den Kräutern, etwas Salz und Pfeffer sowie der Sahne und Gemüsebrühe vermischen. Alles aufkochen und zehn Minuten köcheln lassen. Mit einem Stabmixer pürieren und zusammen mit dem Sterz servieren.

GLASNUDELSUPPE MIT STERZ UND CHILI-SHRIMPS

4 Port.

35 Min.

Leicht

Zutaten

500 g Bohnen, weiß aus der Dose, abgetropft
750 ml Wasser, warm
500 g Roggenmehl
1 TL Salz
2 EL Butter
300 g Glasnudeln
350 g Asia-Gemüsemischung, TK
1 Glas Bambussprossen
1 l Gemüsebrühe
1 EL Sojasauce
150 g Cocktailshrimps
1 EL Öl
1 TL Chiliflocken

Nährwerte p. P.

1151 kcal
206 g Kohlenhydrate
16 g Fett
34 g Eiweiß

1 Das Mehl und das Salz in einer beschichteten Pfanne anrösten, bis dieses goldbraun ist. Das Wasser hineinrühren und so lange köcheln lassen, bis dieses aufgenommen wurde. Nun die Butter und die Bohnen dazugeben und die Mischung verrühren, bis alles krümelig ist.

2 In der Zwischenzeit einen großen Topf mit der Gemüsebrühe erhitzen und das Gemüse sowie die Sojasauce und die Glasnudeln hineingeben. Alles gut vermischen und für 15 Minuten köcheln lassen.

3 Eine Pfanne erhitzen, das Öl mit den Chiliflocken und den Shrimps anbraten und diese in die Suppe geben. Alles zusammen mit dem Sterz servieren.

PIZZASUPPE MIT KARTOFFELSTERZ

4 Port.

35 Min.

Leicht

Zutaten

200 g Hackfleisch
2 EL Öl
Salz & Pfeffer
1 Dose gehackte Tomaten
1 kg Kartoffeln, gekocht
100 g Mehl
2 EL Butter
3 EL italienische Kräuter
1 Zwiebel, fein gehackt
300 ml Rinderbrühe
8 Oliven, gehackt
1 Dose Champignons, abgetropft
1 Dose Mais, abgetropft

Nährwerte p. P.

385 kcal
44 g Kohlenhydrate
14 g Fett
15 g Eiweiß

1 Die Kartoffeln mit dem Mehl und etwas Salz vermischen und in einer beschichteten Pfanne anrösten. So lange rühren, bis eine krümelige Masse entsteht und die Butter darüber geben. Den Sterz ruhen lassen.

2 In der Zwischenzeit einen großen Topf mit Öl erhitzen und das Hackfleisch mit Salz und Pfeffer anbraten. Alle anderen Zutaten, bis auf das Sterz, unterheben und aufkochen.

3 Die Suppe abschmecken und zusammen mit dem Sterz servieren.

Brot & Sandwich & Aufstrich

STERZ-TOMATEN-BASILIKUM-AUFSTRICH

2 Port.

35 Min.

Leicht

Zutaten

1 Prise Salz
50 g Schmalz
200 g Weizenmehl
500 ml Wasser, heiß
200 g Roggenmehl
3 getrocknete Tomaten, gehackt
1 Zwiebel, gehackt
2 EL Öl
1 TL Balsamicoessig
½ Bund Basilikum

Nährwerte p. P.

1004 kcal
141 g Kohlenhydrate
37 g Fett
19 g Eiweiß

1 Das Mehl mit dem Salz vermischen. Die Mehlmischung in der Pfanne anrösten und nach und nach mit dem Wasser vermischen.

2 Das Öl mit dem Essig und dem Basilikum pürieren, die Tomaten sowie die Zwiebel und den Sterz untermischen. Alles in eine schöne Schale füllen und bis zum Verzehr kühlen.

TARTAR-BOHNEN-STERZ-AUFSTRICH

4 Port.

25 Min.

Leicht

Zutaten

2 EL Chiliflocken
100 g saure Sahne
1 EL italienische Kräuter, TK
1 Tomate, gehackt
200 g Tartar
500 g Bohnen, weiß aus der Dose, abgetropft
750 ml Wasser, warm
500 g Roggenmehl
1 TL Salz
2 EL Butter
1 EL Parmesan, getrocknet gerieben

Nährwerte p. P.

585 kcal
92 g Kohlenhydrate
10 g Fett
24 g Eiweiß

1 Das Mehl in einer beschichteten Pfanne erhitzen und Parmesan sowie Salz dazugeben. Alles gut anrösten und mit dem Wasser ablöschen.

2 So lange köcheln lassen, bis das Wasser aufgesogen ist. Die Bohnen untermischen und den Sterz krümelig rühren.

3 Die restlichen Zutaten vermischen und den erkalteten Sterz unterheben. Alles zusammen mit frischem Brot servieren.

ROGGENBROT-STERZ-PFANNE

2 Port.

20 Min.

Leicht

Zutaten

2 Scheiben Roggenbrot, in kleinen Stücken
1 Ei, verquirlt
2 EL Butter
Salz & Pfeffer
1 Knoblauchzehe, gerieben
1 Frühlingszwiebel, gehackt
¼ Bund Schnittlauch, in Ringen

Nährwerte p. P.

233 kcal
25 g Kohlenhydrate
11 g Fett
5 g Eiweiß

1 Eine beschichtete Pfanne erhitzen, die Butter hineingeben, schmelzen lassen und die Brotkrumen darin anbraten. Mit Salz und Pfeffer würzen und die Knoblauchzehe, die Frühlingszwiebel und den Schnittlauch unterheben.

2 Das Ei darüber verteilen und alles gut anbraten, abschmecken und servieren.

BROTSTERZ-SPECK-PFANNE

4 Port.

25 Min.

Leicht

Zutaten

300 g Brotwürfel, alt
8 Eier, verquirlt
Salz & Pfeffer
½ Bund Petersilie, gehackt
1 Zwiebel, gehackt
200 g Speckwürfel

Nährwerte p. P.

470 kcal
36 g Kohlenhydrate
24 g Fett
22 g Eiweiß

1 Den Speck in der Pfanne erhitzen, bis dieser schön kross ist. Die restlichen Zutaten, bis auf die Eier, dazugeben.

2 Alles gut vermischen und das Brot anrösten. Danach mit den Eiern übergießen und diese leicht stocken lassen. Alles frisch und heiß servieren.

AVOCADO-SANDWICH-STERZ-PFANNE

2 Port.

35 Min.

Leicht

Zutaten

2 Avocado, Fruchtfleisch
1 Limette, Saft & Abrieb
300 g Baguette, in Würfeln
2 EL Öl
1 Knoblauchzehe, geröstet

Nährwerte p. P.

926kcal
74 g Kohlenhydrate
59 g Fett
14 g Eiweiß

1 Das Öl sowie den Knoblauch in einer Pfanne erhitzen und die Baguettestücke darin anbraten. Die Avocado würfeln und mit der Limette vermischen.

2 Sobald das Brot schön krossgebraten ist, dieses mit der Avocado zusammen servieren.

SALAT-STERZ-WRAP

 4 Port.  25 Min. Leicht

Zutaten

4 Wrap
4 Eisbergsalatblätter, in Streifen
1 rote Zwiebel, gehackt
3 EL Schmand
1 TL Limettensaft
Salz & Pfeffer
4 Scheiben Schmelzkäse Cheddar
1 Tomate, in feinen Scheiben
2 EL Butter
1 kg Kartoffeln, zu Brei zerdrückt
100 g Weizenmehl
3 EL Butter

Nährwerte p. P.

798 kcal
96 g Kohlenhydrate
34 g Fett
21 g Eiweiß

1 Eine Pfanne erhitzen und das Mehl, Kartoffeln und etwas Salz hineingeben. Alles zu einem Fladen vermischen und diesen anrösten, die Butter dazugeben und den Sterz zerrupfen. Schmand, Limettensaft sowie Salz und Pfeffer zu einem Dressing vermischen.

2 Eine weitere Pfanne erhitzen und die Wraps hineingeben, den Käse auflegen und warten, bis dieser zu schmelzen beginnt. Die Wraps herausnehmen und mit den restlichen Zutaten sowie dem Sterz belegen.

3 Den Wrap mit der Saucenmischung beträufeln, zusammenrollen und halbiert servieren.

BBQ-KARTOFFELSTERZ-AUFSTRICH

2 Port.

35 Min.

Leicht

Zutaten

1 Zwiebel, in Ringen
1 TL BBQ-Gewürz
4 EL BBQ-Sauce
1 kg Kartoffeln, gekocht zu Brei
100 g Roggenmehl
1 Prise Salz
2 EL Butter
2 Essiggurken, in Scheiben
500 g Rinderhackfleisch

Nährwerte p. P.

1330 kcal
131 g Kohlenhydrate
57 g Fett
64 g Eiweiß

1 Das Mehl, Kartoffeln und Salz vermischen und in einer heißen Pfanne anrösten. Alles zu einem krümeligen Sterz verarbeiten und mit der Butter vermischen. Den Sterz zur Seite stellen und abkühlen lassen.

2 Eine weitere Pfanne erhitzen und das Hackfleisch darin abraten. Dieses mit der Zwiebel und etwas Salz vermischen und die BBQ-Sauce sowie das Gewürz dazugeben.

3 Das Hackfleisch gut durchgaren und ebenfalls abkühlen lassen. Danach alle Zutaten zusammen vermischen und mit Baguette oder frischem Salat als Topping servieren.

GRIECHISCHES BAGUETTE MIT BOHNENSTERZ

4 Port.

25 Min.

Leicht

Zutaten

100 g Tsatsiki
10 Cocktailtomaten, halbiert
10 Oliven, halbiert
200 g Rucola, gewaschen und abgetropft
500 g Bohnen, weiß aus der Dose, abgetropft
750 ml Wasser, warm
500 g Roggenmehl
1 TL Salz
2 EL Butter
1 Fladenbrot, in Viertel

Nährwerte p. P.

728 kcal
134 g Kohlenhydrate
8 g Fett
20 g Eiweiß

1 Die Innenseite des Fladenbrotes mit dem Tsatsiki bestreichen. Die Tomaten, Rucola und Oliven darauf verteilen.

2 Das Wasser mit dem Salz erhitzen, das Mehl auf einmal hineingeben, die Hitze reduzieren und den Deckel auf den Topf legen. Nun alles für 20 Minuten garen lassen, das restliche Wasser abgießen und den Topfinhalt mit der Butter und den Bohnen krümelig mischen.

3 Sterz auf den Fladenbroten verteilen und servieren.

STERZ-RAHM-AUFSTRICH

2 Port.

25 Min.

Leicht

Zutaten

500 g Bohnen, weiß aus der Dose, abgetropft
750 ml Wasser, warm
500 g Roggenmehl
1 TL Salz
2 EL Butter
1 Packung italienische Kräuter, TK
Salz & Pfeffer
250 g Schmand

Nährwerte p. P.

1245 kcal
182 g Kohlenhydrate
37 g Fett
32 g Eiweiß

1 Das Wasser mit dem Salz erhitzen und das Mehl mit einer Bewegung hineinfüllen. Die Hitze reduzieren und den Deckel auflegen. Alles 20 Minuten ruhen lassen.

2 Das restliche Wasser abgießen und den Sterz zehn Minuten ruhen lassen. Nun eine Pfanne mit der Butter erhitzen und diese über den Sterz geben. Diesen auseinanderziehen, bis kleine Krümel entstehen. Die Bohnen untermischen.

3 Kräuter und Schmand sowie eine Prise Salz vermischen und unter den Sterz heben.

STERZ-MISCHSCHALE

4 Port.

35 Min.

Leicht

Zutaten

3 EL Butter
1 Zwiebel, gehackt
2 EL Öl
3 Scheiben Roggenbrot, in Würfeln
2 Scheiben Weizenbrot, in Würfeln
10 Oliven, ohne Stein
3 getrocknete Tomaten, gehackt
200 g Spinat, frisch
100 g Feta, in Würfeln
3 EL Pesto, rot

Nährwerte p. P.

854 kcal
76 g Kohlenhydrate
40 g Fett
46 g Eiweiß

1 Eine Pfanne mit der Butter und dem Öl erhitzen, die Brotscheiben gut darin anrösten und das Pesto dazugeben.

2 Die Tomaten, Oliven, Zwiebel und Spinat untermischen und alles fünf Minuten mit anrösten. Mit dem Feta garnieren und servieren.

Hauptgerichte Fleisch & Geflügel

HACKBRATEN MIT BOHNENSTERZ

4 Port. 55 Min. Leicht

Zutaten

1 kg Hackfleisch
Je 1 rote, gelbe und grüne Paprika, in Stücken
500 g Bohnen, weiß aus der Dose, abgetropft
750 ml Wasser, warm
500 g Roggenmehl
1 TL Salz
2 EL Butter
1 TL Knoblauchgranulat
½ TL Kräutersalz
½ TL Pfeffer
1 Packung italienische Kräuter

Nährwerte p. P.

1382 kcal
140 g Kohlenhydrate
54 g Fett
71 g Eiweiß

1 Den Backofen auf 180 °C Umluft vorheizen. Eine Auflaufform bereitstellen und das Hackfleisch mit der Paprika, Kräutersalz, Pfeffer, Knoblauchgranulat und den Kräutern vermengen.

2 Das Hackfleisch zu einem Laib formen und diesen in die Auflaufform geben. Im Backofen 30 - 45 Minuten ausbacken lassen.

3 Inzwischen das Wasser mit dem Salz aufkochen und das Mehl in einem Zug hineinfüllen. Den Deckel auflegen und alles für 20 Minuten quellen lassen. Das restliche Wasser abgießen und die Mischung leicht ausdünsten lassen.

4 Dann die Butter schmelzen und darüber geben. Den Sterz zerkleinern und mit den Bohnen vermischen. Zusammen mit dem Hackbraten servieren.

HÄHNCHENSCHENKEL MIT MAISSTERZ

4 Port.

45 Min.

Leicht

Zutaten

1 Prise Salz
800 ml Wasser
100 g Schmalz vom Schwein
250 g Polenta
2 EL Butter
6 Hähnchenschenkel
2 EL Öl
1 TL Paprikapulver, edelsüß
1 TL Chiliflocken
1 Knoblauchzehe, gerieben
1 TL Gemüsebrühe, instant

Nährwerte p. P.

976 kcal
46 g Kohlenhydrate
59 g Fett
61 g Eiweiß

1 Das Wasser mit dem Salz in einem großen Topf mischen und aufkochen. Danach den Maisgrieß einrühren und alles bei schwacher Temperatur 20 Minuten quellen lassen.

2 Ein Backblech mit Backpapier auslegen, das Öl mit den Gewürzen vermischen und die Hähnchenschenkel damit bestreichen. Den Backofen auf 180 °C vorheizen und die Schenkel auf das Backblech legen. Dieses in den Ofen schieben und dort für 45 - 50 Minuten garen lassen.

3 Eine Pfanne mit der Butter und dem Schmalz erhitzen und den Sterz darin leicht anbraten, dieses auseinanderrupfen und zu kleinen Stücken zerteilt mit dem Hähnchen servieren.

GEFÜLLTE PAPRIKA MIT MAISSTERZ

4 Port.

55 Min.

Leicht

Zutaten

4 Spitzpaprika
500 g Hackfleisch, halb & halb
Salz & Pfeffer
500 ml passierte Tomaten
100 ml Rotwein
1 Ei
1 Prise Salz
4 EL Haferflocken
800 ml Wasser
100 g Schmalz vom Schwein
250 g Polenta

Nährwerte p. P.

1779 kcal
107 g Kohlenhydrate
106 g Fett
91 g Eiweiß

1 Das Wasser mit dem Salz in einen großen Topf geben und aufkochen lassen. Die Polenta einrühren und mit geschlossenem Deckel bei geringer Wärmezufuhr für 15 - 20 Minuten garen lassen.

2 Die Paprika unter fließendem Wasser waschen und entkernen und das Hackfleisch in eine Schüssel geben. Dieses mit Salz, Pfeffer und dem Ei sowie den Haferflocken verkneten und in die Paprika füllen.

3 Eine Auflaufform mit der Paprika füllen und die Tomaten sowie den Rotwein darüber geben. Alles bei 180 °C Umluft im Backofen für 35 - 40 Minuten garen lassen.

4 Inzwischen eine Pfanne erhitzen und das Schmalz schmelzen. Mit dem Sterz vermischen, diesen zerbröseln und auf einer Platte oder einem Teller anrichten und zusammen mit der Paprika servieren.

STERZ MIT HACKFLEISCHSAUCE

4 Port.

30 Min.

Leicht

Zutaten

500 g Rinderhack
3 EL Parmesan, gehobelt
1 Frühlingszwiebel, in Ringen
1 kg Kartoffelbrei
100 g Weizenmehl
1 EL Sojasauce
2 EL Butter
1 EL Öl
Salz & Pfeffer
1 Packung italienische Kräuter
500 ml passierte Tomaten

Nährwerte p. P.

712 kcal
59 g Kohlenhydrate
36 g Fett
34 g Eiweiß

1 Den Kartoffelbrei mit dem Mehl und etwas Salz vermischen und diesen zu kleinen Stücken zerbröseln.

2 Eine Pfanne mit dem Öl erhitzen und das Hackfleisch mit der Frühlingszwiebel und etwas Salz sowie Pfeffer anbraten. Alles mit den Tomaten ablöschen und die Kräuter hineingeben. Die Sojasauce unterheben und die Mischung sanft einköcheln lassen, bis die gewünschte Sämigkeit erreicht ist.

3 Eine weitere Pfanne auf die Hitzequelle stellen und die Butter schmelzen. Den Sterz goldbraun anbraten und zusammen mit der Tomatensauce und dem Parmesan servieren.

RINDERMINUTENSTEAKS MIT KRÄUTERSTERZ

4 Port. 25 Min. Leicht

Zutaten

600 g Rinderminutensteaks, in Streifen geschnitten
2 EL Kräuterbutter
1 kg Kartoffel, gekocht und zu Brei zerdrückt
100 g Roggenmehl
2 EL italienische Kräuter
Salz & Pfeffer
100 g Rucola
1 Tomate, in Scheiben
1 Mozzarella, in Scheiben
2 EL Balsamicoessig

Nährwerte p. P.

637 kcal
64 g Kohlenhydrate
14 g Fett
57 g Eiweiß

1 Den Rucola unter fließendem Wasser waschen und gut abtropfen lassen. Danach auf einer Platte anrichten und die Tomate darauf verteilen. Diese mit dem Balsamico beträufeln.

2 Die Kartoffeln, Kräuter, Salz und das Mehl miteinander verkneten und zu kleinen Stücken zerbröseln. Eine Pfanne erhitzen und den Sterz mit der Kräuterbutter anbraten.

3 Den Sterz auf einer weiteren Platte anrichten und die Rinderminutensteaks in der Pfanne von jeder Seite zwei Minuten garen. Alles zusammen mit dem Mozzarella servieren.

BUNTE FILETPÄCKCHEN MIT STERZ

4 Port.

25 Min.

Leicht

Zutaten

800 ml Wasser
100 g Schmalz vom Schwein
250 g Polenta
500 g Filet, zu zwei Stücken geteilt
Je 1 rote und gelbe Paprika, gehackt
1 Zwiebel, gehackt
2 Knoblauchzehen, gehackt
2 EL Öl
Salz & Pfeffer

Nährwerte p. P.

664 kcal
52 g Kohlenhydrate
33 g Fett
34 g Eiweiß

1 Alufolie zu zwei Rechtecken zurechtschneiden. Diese sollten groß genug sein, um das Fleisch darin einzuwickeln. Den Backofen auf 180 °C Umluft vorheizen und ein Backblech bereitstellen.

2 Das Wasser mit etwas Salz aufkochen und die Polenta einrühren. Alles für 20 Minuten aufquellen lassen und die Hitze ausschalten. In dieser Zeit das Fleisch mit Salz und Pfeffer würzen und auf die Mitte der jeweiligen Alufolie legen.

3 Das Öl darüber geben und Knoblauch, Paprika und Zwiebel darauf verteilen. Die Päckchen fest verschließen und auf das Backblech legen. Für 35 Minuten im Ofen garen lassen.

4 Eine Pfanne mit dem Schmalz erhitzen und dieses schmelzen. Den Sterz klein gerupft hineingeben und goldbraun anrösten. Zusammen mit dem Filet servieren.

RINDERCHILI MIT STERZ

2 Port. 35 Min. Leicht

Zutaten

Salz & Pfeffer
500 g Rinderhackfleisch
50 g Schmalz
1 EL Öl
200 g Weizenmehl
2 Chili, gehackt
½ Bund Koriander, gehackt
500 ml Wasser, heiß
1 Zwiebel, gehackt
200 g Roggenmehl
1 große Dose gehackte Tomaten
1 Dose dunkle Bohnen, abgetropft

Nährwerte p. P.

1265 kcal
73 g Kohlenhydrate
79 g Fett
54 g Eiweiß

1 Eine Pfanne erhitzen und das Mehl hineingeben, anrösten und mit dem Schmalz und dem Wasser auflockern. Alles unter ständigem Rühren vermischen, bis das Wasser komplett aufgenommen ist und der Sterz eine krümelige Masse bildet.

2 Eine weitere Pfanne erhitzen und das Öl mit dem Hackfleisch und Salz sowie Pfeffer hineingeben. Dieses anbraten und alle weiteren Zutaten, bis auf den Sterz und die Tomaten, untermischen. Mit den Tomaten ablöschen. Alles aufkochen, abschmecken und mit dem Sterz servieren.

SAHNEHÄHNCHENFILET MIT STERZ

2 Port.

25 Min.

Leicht

Zutaten

1 Prise Salz
50 g Schmalz
200 g Weizenmehl
500 ml Wasser, heiß
200 g Roggenmehl
500 g Hähnchenbrustfilet, in Streifen
1 Packung Zwiebelsuppe, instant
200 g Frischkäse, Kräuter
500 ml Sahne

Nährwerte p. P.

1899 kcal
153 g Kohlenhydrate
98 g Fett
93 g Eiweiß

1 Das Mehl mit dem Salz vermischen und in einer Pfanne anrösten. Diese zur Seite stellen und abkühlen lassen. Eine Auflaufform bereitstellen und den Backofen auf 180 °C Umluft vorheizen.

2 In die Auflaufform das Hähnchenfilet legen, das Gemüse darüber geben und die Sahne mit dem Käse sowie der Zwiebelsuppe verrühren. Die Mischung darüber geben und alles für 35 Minuten im Backofen garen.

3 Eine Pfanne erhitzen und das Schmalz auflösen, den Sterz darin krümelig braten und zusammen mit dem Hähnchen servieren.

BUCHWEIZENSTERZ MIT RINDER-LAUCH-PFANNE

 2 Port.

 25 Min.

 Leicht

Zutaten

1 EL Salz
500 g Buchweizenmehl
100 g Butterschmalz
1,5 l Wasser
350 g Rinderfilet
1 EL Öl
2 Stangen Lauch, in Ringen
1 Knoblauchzehe, gerieben
1 EL Sojasauce

Nährwerte p. P.

1642 kcal
203 g Kohlenhydrate
65 g Fett
55 g Eiweiß

1 Das Wasser mit dem Salz in einem großen Topf erhitzen und das Mehl auf einmal hineingeben. Ohne Umrühren den Deckel auf den Topf legen und alles für 20 Minuten bei geringer Wärmezufuhr köcheln lassen.

2 Das überschüssige Wasser abgießen und den Sterz zerteilen. Es sollten kleine Brösel entstehen. In einer Pfanne das Butterschmalz erhitzen, dieses unter den Sterz geben und gut vermischt 15 Minuten ruhen lassen.

3 In der Zwischenzeit die Rinderfilets in Streifen schneiden und mit Öl, Lauch, Knoblauch sowie der Sojasauce in einer weiteren Pfanne anbraten.

4 Die Rinderfiletstreifen sollten mittig einen rosigen Streifen haben. Alles zusammen servieren.

KÄSESTERZ MIT HÄHNCHEN

4 Port.

45 Min.

Leicht

Zutaten

1 EL Salz
500 g Buchweizenmehl
100 g Butterschmalz
1,5 l Wasser
500 g Hähnchenfilet, in Streifen
200 g Cheddar
350 ml Milch
150 g Kräuterfrischkäse
1 Tomate, in Streifen
1 Zwiebel, in Ringen
2 kleine Zucchini, in Scheiben

Nährwerte p. P.

1071 kcal
106 g Kohlenhydrate
46 g Fett
54 g Eiweiß

1 Das Wasser in einem großen Topf mit Salz erhitzen und das Mehl auf einmal hineingeben. Alles mit aufgelegtem Deckel bei leichter Hitze für 20 Minuten garen.

2 Das überschüssige Wasser abgießen und den Sterz zerteilen. In einer Pfanne das Butterschmalz erhitzen, dieses unter das Sterz geben und gut vermischt 15 Minuten ruhen lassen.

3 Das Hähnchenfilet in eine große Auflaufform geben und leicht salzen. Dieses mit den Tomaten, Zucchini und Zwiebeln bedecken. Milch und Frischkäse vermischen und darüber geben. Den Sterz darauf verteilen und mit dem Cheddar bedecken.

4 Den Backofen auf 180 °C vorheizen und den Auflauf für 35 Minuten garen lassen.

Hauptgerichte Meeresfrüchte & Fisch

GARNELENPFANNE MIT STERZ

4 Port. 25 Min. Leicht

Zutaten

1 Prise Salz & Pfeffer
300 g Garnelen, küchenfertig TK
1 EL Öl
1 Chili, in Ringen
1 Frühlingszwiebel, in Ringen
50 ml Sahne
50 g Schmalz
200 g Weizenmehl
200 g Roggenmehl
200 g Kräuterfrischkäse

Nährwerte p. P.

614 kcal
73 g Kohlenhydrate
20 g Fett
30 g Eiweiß

1 Beide Mehlsorten miteinander vermischen und mit dem Salz in einer beschichteten Pfanne anrösten. Das Schmalz dazugeben und den Sterz krümelig braten.

2 Eine weitere Pfanne erhitzen und das Öl darin mit Chili und Frühlingszwiebeln vermischen. Die Garnelen unterheben und mit Salz und Pfeffer würzen.

3 Den Frischkäse mit der Sahne einrühren und alles für zehn Minuten köcheln lassen. Zusammen mit dem Sterz servieren.

TOMATEN-THUNFISCH MIT STERZ-FRIKADELLEN

4 Port.

25 Min.

Leicht

Zutaten

800 ml Wasser
½ Bund Schnittlauch, in Ringen
100 g Schmalz vom Schwein
250 g Polenta
2 Dosen Thunfisch, im eigenen Saft, abgetropft
1 EL Öl
1 Knoblauchzehe, gerieben
½ TL Paprikapulver, edelsüß
2 Dose gehackte Tomaten
1 EL Curry
1 TL Kurkuma
1 Prise Salz & Pfeffer

Nährwerte p. P.

510 kcal
53 g Kohlenhydrate
29 g Fett
7 g Eiweiß

1 Das Wasser in einen großen Topf geben und mit dem Salz aufkochen lassen. Die Polenta einrühren und mit geschlossenem Deckel bei geringer Wärmezufuhr für 15 - 20 Minuten garen lassen.

2 Eine Pfanne erhitzen und das Schmalz schmelzen. Den Sterz zu kleinen Kugeln formen und diese leicht andrücken, damit sie aussehen wie eine Frikadelle. Diese in dem Schmalz anbraten und zur Seite stellen.

3 Das Öl mit dem Thunfisch in eine andere Pfanne geben und mit dem Knoblauch, Salz, Pfeffer, Curry, Kurkuma und Paprika anbraten. Alles mit den Tomaten ablöschen und zusammen mit dem Sterz und dem Schnittlauch garniert servieren.

LACHSFILET MIT STERZ

4 Port.

25 Min.

Leicht

Zutaten

800 ml Wasser
100 g Schmalz vom Schwein
2 Lachsfilets, à 150 g, TK
200 g Blattspinat, frisch
6 g Ingwer, gerieben
1 Knoblauchzehe, gerieben
1 Tomate in Scheiben
100 g Feta, in Würfeln
1 Zwiebel, in Ringen
250 g Polenta
2 EL Zitronensaft
1 Prise Salz & Pfeffer

Nährwerte p. P.

624 kcal
48 g Kohlenhydrate
35 g Fett
26 g Eiweiß

1 Das Wasser mit dem Salz aufkochen. Die Polenta einrühren und mit geschlossenem Deckel für 15 - 20 Minuten leicht köcheln lassen. Eine Pfanne erhitzen und das Schmalz schmelzen. Die Polenta hineingeben und auseinanderrupfen. Alles goldbraun anbraten.

2 In einer Auflaufform Ingwer, Knoblauch und Salz sowie Pfeffer mit dem Zitronensaft vermischen. Den Lachs damit bestreichen. Den Spinat unter frischem Wasser abwaschen und gut abtropfen lassen.

3 Dann in die Auflaufform geben und den Lachs aufsetzen. Tomate, Feta, Zwiebel und Sterz darum verteilen und alles bei 180 °C für 35 Minuten im Ofen garen.

STERZKUGELN MIT KALAMARIS

4 Port.

35 Min.

Leicht

Zutaten

1 EL Salz
500 g Buchweizenmehl
100 g Butterschmalz
1,5 l Wasser
2 Knoblauchzehen, gerieben
1 EL Zitronensaft
400 g Tintenfischringe, frisch aus der Tube geschnitten
1 Chili, gehackt
½ Bund Koriander, gehackt
2 EL Öl

Nährwerte p. P.

803 kcal
101 g Kohlenhydrate
32 g Fett
25 g Eiweiß

1 Das Wasser mit dem Salz in einem großen Topf erhitzen und das Mehl auf einmal hineingeben. Alles mit aufgelegtem Deckel bei leichter Hitze für 20 Minuten garen.

2 Das überschüssige Wasser abgießen und den Sterz in kleine Kugeln teilen. In einer Pfanne das Butterschmalz erhitzen und den Sterz darin goldbraun anbraten.

3 Eine weitere Pfanne erhitzen, die restlichen Zutaten zusammen hineingeben und die Tintenfischringe darin anbraten. Danach für fünf Minuten leicht weitergaren und zusammen mit dem Sterz servieren.

KARTOFFELSTERZ MIT FORELLE

4 Port.

35 Min.

Leicht

Zutaten

1 kg Kartoffeln
100 g Mehl
1 Prise Salz & Pfeffer
2 EL Butter
4 Forellen
2 Knoblauchzehen, in Scheiben
2 Zitronen, in Scheiben

Nährwerte p. P.

549 kcal
62 g Kohlenhydrate
13 g Fett
42 g Eiweiß

1 Die Kartoffeln unter frischem Wasser waschen und abtrocknen, die Schale entfernen und die geschälten Kartoffeln in Stücke schneiden. Diese in einem großen Topf mit Salzwasser für 15 Minuten kochen, anschließend abgießen und die Kartoffeln erkalten lassen.

2 Die Kartoffeln zu einem Püree zerdrücken und die restlichen Zutaten hinzugeben. Alles in eine Pfanne bröseln und goldbraun anrösten.

3 Die Forellen unter fließendem Wasser abwaschen und abtrocknen. Mit Salz und Pfeffer würzen.

4 Jede Forelle auf ein Stück Alufolie legen, mit den Zitronenscheiben und den Knoblauchscheiben bedecken, die Alufolie zu Päckchen verschließen und auf ein Backblech legen. Den Backofen auf 180 °C erhitzen und den Fisch für 20 - 25 Minuten darin garen lassen. Zusammen mit dem Sterz servieren.

GEMÜSE-SHRIMPS-SPIEẞE

4 Port.

25 Min.

Leicht

Zutaten

1 kg Kartoffeln
500 g Shrimps, küchenfertig
1 rote Paprika, in Stücken
1 Zucchini, in Stücken
1 Zwiebel, in Stücken
100 g Mehl
1 Prise Salz
2 EL Butter
2 EL Öl
1 EL Zitronensaft
1 TL Sojasauce
4 EL Sesamsamen

Nährwerte p. P.

576 kcal
67 g Kohlenhydrate
16 g Fett
35 g Eiweiß

1 Die Kartoffeln schälen und in Würfel schneiden. Diese in einem großen Topf mit Salzwasser für 15 Minuten kochen, anschließend abgießen und die Kartoffeln erkalten lassen.

2 Nun die Kartoffeln mit dem Mehl, Salz und der Butter vermischen und alles zu kleinen Sterzkugeln formen.

3 Die Holzspieße nehmen und alle Zutaten nach und nach mit den Sterzkugeln aufschichten. Das Öl, Sojasauce und Zitronensaft vermischen und die Spieße damit bestreichen. Alle Spieße in Sesam wenden und in einer beschichteten Pfanne von allen Seiten für 2 - 3 Minuten anrösten.

MEERESFRÜCHTEPFANNE MIT STERZ

4 Port.

25 Min.

Leicht

Zutaten

70 g Butterschmalz
1 TL Salz
500 ml Wasser, kochend
400 g Weizenmehl
350 g Meeresfrüchte
50 ml Weißwein
Saft einer Limette
Salz & Pfeffer
30 g Butter
1 Knoblauchzehe, gerieben

Nährwerte p. P.

597 kcal
78 g Kohlenhydrate
19 g Fett
26 g Eiweiß

1 Das Mehl mit dem Salz in eine große Schüssel geben. Nun das Wasser aufgeteilt in drei Teile hineingeben und mit einer Gabel zu groben Stücken vermischen.

2 Das Öl in einer Pfanne erhitzen, die Meeresfrüchte darin abraten und mit dem Limettensaft ablöschen. Alles mit der Butter, Knoblauch, Salz, Pfeffer, Zwiebeln und dem Weißwein vermischen und zehn Minuten köcheln lassen.

3 In der Zwischenzeit eine weitere Pfanne erhitzen und das Butterschmalz schmelzen, den Sterz darin anrösten und mit den Meeresfrüchten frisch servieren.

STERZ MIT MUSCHELN

4 Port.

15 Min.

Leicht

Zutaten

70 g Butterschmalz
1 TL Salz
500 ml Wasser, kochend
400 g Weizenmehl
1 kg Muscheln, frisch
50 ml Weißwein
Saft einer Limette
Salz & Pfeffer
150 g Kräuterbutter
1 Knoblauchzehe, gerieben

Nährwerte p. P.

902 kcal
79 g Kohlenhydrate
47 g Fett
38 g Eiweiß

1 Die Muscheln reinigen, indem Sie diese in kaltes, frisches Leitungswasser legen. Alle geöffneten Muscheln müssen aussortiert und entsorgt werden. Dann die Muscheln in einen großen Topf geben und mit Wasser, Limettensaft, Weißwein und Salz bedecken. Nun die Muscheln für 15 Minuten garen.

2 Das Mehl mit dem Salz und dem Butterschmalz in eine große Schüssel geben. Nun das Wasser aufgeteilt in drei Teile hineingeben und mit einer Gabel zu groben Stücken vermischen.

3 Nach den 15 Minuten zu den Muscheln sehen. Alle Muscheln, die nun noch verschlossen sind, ebenfalls aussortieren und den Rest mit der Kräuterbutter garnieren.

FISCHFRIKADELLEN MIT STERZ

4 Port.

35 Min.

Leicht

Zutaten

1 kg Kartoffelbrei
100 g Mehl
50 g Butter
2 alte Brötchen
200 g Forelle, geräuchert
Salz & Pfeffer
1 Ei
½ Bund Petersilie, gehackt
1 Knoblauchzehe, gerieben
1 EL Zitronensaft

Nährwerte p. P.

521 kcal
64 g Kohlenhydrate
19 g Fett
20 g Eiweiß

1 Die Brötchen in eine Schüssel geben und mit warmem Wasser bedecken, sodass sich diese vollsaugen können. Sobald diese weich sind, die Masse mit den Händen auspressen und in eine große Schüssel geben.

2 Dort mit dem Ei, dem Fisch, Zitronensaft, Knoblauch, Petersilie und Salz sowie Pfeffer verkneten. Aus dem Teig vier Fischfrikadellen formen.

3 Als Nächstes eine Pfanne erhitzen und das Mehl mit etwas Salz anrösten. Das Mehl mit dem Kartoffelbrei vermischen und die Butter in der Pfanne schmelzen. Den Sterz hineingeben und goldbraun rösten, dabei immer mehr zerkleinern.

4 Die Fischfrikadellen in eine beschichtete Pfanne geben und von beiden Seiten für jeweils 3 - 5 Minuten garen. Zusammen mit dem Sterz servieren.

FISCHAUFLAUF MIT STERZSTREUSEL

4 Port.

25 Min.

Leicht

Zutaten

1 kg Kartoffelbrei
4 Forellenfilets
100 g Mehl
50 g Butter
Salz & Pfeffer
½ Bund Petersilie, gehackt
100 g Parmesan, gerieben
300 g Spinat, gehackt
2 Trockentomaten, gehackt
1 Knoblauchzehe, gerieben

Nährwerte p. P.

701 kcal
52 g Kohlenhydrate
30 g Fett
51 g Eiweiß

1 Eine Auflaufform bereitstellen und den Spinat mit den Trockentomaten vermischt hineingeben. Den Fisch auflegen und mit Salz und Pfeffer würzen. Knoblauch darüber verteilen und den Backofen auf 180 °C Umluft aufheizen.

2 Den Kartoffelbrei mit dem Mehl, dem Salz sowie dem Parmesan vermischen. Die Butter schmelzen und hineinkneten. Alles zu kleinen Streuseln auf dem Fisch verteilen und für 35 Minuten im Backofen garen lassen. Mit der frischen Petersilie garniert servieren.

Vegetarische und vegane Gerichte

BACKTOMATEN MIT STERZ

4 Port.

45 Min.

Leicht

Zutaten

200 g Mozzarella, in Scheiben
8 Fleischtomaten
1 Limette, Saft & Abrieb
1 Prise Pfeffer
1 Prise Salz
50 g Butter
200 g Weizenmehl
500 ml Wasser, heiß
200 g Roggenmehl
1 Bund Basilikum

Nährwerte p. P.

613 kcal
76 g Kohlenhydrate
22 g Fett
22 g Eiweiß

1 Die Tomaten unter frischem Wasser waschen und abtrocknen. Den Strunk entfernen und diese in Scheiben schneiden. Den Mozzarella in Scheiben schneiden und die Basilikumblätter vom Stiel trennen und leicht hacken.

2 Eine Auflaufform bereitstellen und Tomaten und Mozzarella hineinschichten. Salz, Pfeffer, Limettensaft und Abrieb mit dem Basilikum vermischen und darauf verteilen. Den Backofen auf 180 °C Umluft vorheizen.

3 Die Mehlsorten und etwas Salz vermischen, in einer beschichteten Pfanne anrösten, Wasser untermischen, aufsaugen lassen und die Butter dazugeben. Diese schmelzen und mit dem Sterz vermischen, bis dieser krümelig ist. Den Sterz auf den Tomaten verteilen und alles für 20 Minuten im Ofen garen lassen.

FETASTERZ

 4 Port.
 25 Min.
 Leicht

Zutaten

1 Prise Salz
50 g Schmalz
200 g Weizenmehl
500 ml Wasser, heiß
200 g Roggenmehl
4 Fetakäse
4 rote Zwiebeln, in Ringen
4 Knoblauchzehen, gepresst
4 TL Öl
frischer Pfeffer zum Garnieren

Nährwerte p. P.

874 kcal
77 g Kohlenhydrate
45 g Fett
36 g Eiweiß

1 Den Backofen auf 200 °C Umluft vorheizen und vier Stücke Alufolie bereitlegen. Auf jedes Stück einen Fetakäse setzen und mit Zwiebeln, Knoblauch, Öl und Pfeffer bedecken. Die Alufolie zu einem Päckchen verschließen und dieses auf ein Backblech setzen. Den Käse für 10 – 15 Minuten im Ofen backen.

2 In dieser Zeit das Mehl in einer beschichteten Pfanne anrösten und das Salz sowie Wasser dazugeben. Alles gut vermischen und braten, bis das Wasser aufgesogen ist. Das Schmalz dazugeben und den Sterz krümelig anrösten. Zusammen mit dem Feta servieren.

GEFÜLLTE WEINBLÄTTER MIT KARTOFFELSTERZ

4 Port.

35 Min.

Leicht

Zutaten

30 Weinblätter, eingelegt in Salzlake
1 kg Kartoffeln, zu Brei gekocht
100 g Roggenmehl
50 g Butter, vegan
1 Prise Pfeffer
1 Prise Salz
½ Bund Petersilie, gehackt
1 Prise Piment, gemahlen
1 EL Paprikapulver, edelsüß
1 EL Knoblauchgranulat
600 ml Gemüsebrühe

Nährwerte p. P.

1298 kcal
178 g Kohlenhydrate
40 g Fett
41 g Eiweiß

1 Die Weinblätter aus der Lake nehmen und mit der Strunkseite auf die Arbeitsfläche legen.

2 Den Kartoffelbrei mit dem Mehl vermischen und bis auf die Butter, die Weinblätter sowie die Brühe alles unterheben. Die Butter schmelzen und unter die Mischung geben. Aus dieser Masse kleine Stangen formen und auf die Weinblätter legen.

3 Die Weinblätter seitlich einschlagen und aufrollen. Mit der Verschlussseite nach unten in einen großen Topf geben.

4 Die Brühe in den Topf füllen, alles zum Köcheln bringen und für 45 - 50 Minuten bei leichter Hitze garen lassen. Herausnehmen und servieren.

FETASTERZ-TEIGSTANGEN

4 Port.

25 Min.

Leicht

Zutaten

1 Yufka-Teig aus der Kühlung
1 EL Salz
500 g Buchweizenmehl
100 g Butterschmalz
1,5 l Wasser
4 EL Tomatenmark
200 g Feta, zerbröselt

Nährwerte p. P.

785 kcal
99 g Kohlenhydrate
35 g Fett
14 g Eiweiß

1 Das Wasser mit Salz und dem Tomatenmark in einem großen Topf erhitzen. Das Mehl auf einmal hineingeben. Den Deckel ohne Rühren auf den Topf legen und alles für 20 Minuten bei geringer Wärmezufuhr köcheln lassen.

2 Das überschüssige Wasser abgießen. Den Sterz mit dem Butterschmalz in einer Pfanne erhitzen und alles gut vermischen.

3 Die Yufka-Blätter auf einer Arbeitsplatte ausbreiten und den Sterz darauf auftragen. Mit dem zerbröselten Feta bedecken und die Yufka-Blätter aufrollen. Diese auf ein Backblech geben und alles bei 180 °C Umluft für 15 - 20 Minuten garen.

STERZOS

4 Port.

35 Min.

Leicht

Zutaten

8 Tacos
1 Dose Mais
1 kg Kartoffeln, zu Brei gekocht
100 g Mehl
50 g Butter, vegan
1 Essiggurke, gehackt
2 EL Tomatenmark
1 Chili, in Ringen
½ Bund Koriander, gehackt
Salz & Pfeffer
Tabasco zum Garnieren

Nährwerte p. P.

830 kcal
124 g Kohlenhydrate
26 g Fett
18 g Eiweiß

1 Die Tacos auf einer Arbeitsplatte aufstellen. Eine beschichtete Pfanne erhitzen und das Mehl mit dem Kartoffelbrei hineingeben, Salz unterheben und die Butter einschmelzen. Den Sterz zu Krümeln braten.

2 Den Sterz zusammen mit den anderen Zutaten auf einer Platte anrichten und zusammen mit den Tacos servieren und befüllen lassen.

GURKENSCHIFFE MIT MAISSTERZ

4 Port.

35 Min.

Leicht

Zutaten

1 Prise Salz
800 ml Wasser
2 Salatgurken
100 g Butter, vegan
250 g Polenta
300 g vegetarischer Frischkäse
½ Bund Schnittlauch, in Ringen

Nährwerte p. P.

446 kcal
48 g Kohlenhydrate
21 g Fett
13 g Eiweiß

1 Das Wasser in einen großen Topf geben und mit dem Salz aufkochen lassen. Die Polenta einrühren und mit geschlossenem Deckel für 20 Minuten und ausgeschalteter Herdplatte ruhen lassen.

2 Die Gurken unter frischem Wasser waschen, gut abtrocknen und der Länge nach halbieren. Mit einem Teelöffel die Kerne herauslösen und den Frischkäse hineinfüllen. Diesen mit dem Schnittlauch bedecken.

3 Eine Pfanne erhitzen und die Butter schmelzen. Mit der Sterz-Mischung vermischen, diese in kleine Stücke teilen und goldbraun braten. Alles zusammen anrichten und servieren.

STERZ-GEMÜSE-PFANNE

4 Port.

35 Min.

Leicht

Zutaten

1 Prise Salz
800 ml Wasser
100 g Butter, vegan
250 g Polenta
Je 1 rote, gelbe und grüne Paprika, gehackt
1 Chili, gehackt
1 EL Zitronensaft
1 TL Sojasauce
2 rote Zwiebeln, in Streifen
1 Knoblauchzehe, gehackt
150 g Bambussprossen, frisch

Nährwerte p. P.

471 kcal
55 g Kohlenhydrate
21 g Fett
9 g Eiweiß

1 Das Wasser mit dem Salz aufkochen, die Polenta einrühren und den Topf abgedeckt für 20 Minuten ruhen lassen.

2 Nun die Sojasauce, Chili, Paprika, Zitronensaft, Zwiebeln, Knoblauch und Bambussprossen in einer großen Pfanne anrösten.

3 Eine weitere Pfanne erhitzen und die Butter schmelzen, die Polenta darin anbraten und mit Hilfe eines Pfannenwenders zerkleinern. Alles zusammen servieren.

MANDEL-STERZ-PFANNE

4 Port.

15 Min.

Mittel

Zutaten

1 kg Kartoffelpüree, kalt
100 g Mandelsplitter
100 g Weizenmehl
1 TL Salz
50 g Butter, vegan
100 g Oliven, entsteint
4 getrocknete Tomaten, gehackt
2 EL italienische Kräuter

Nährwerte p. P.

615 kcal
51 g Kohlenhydrate
36 g Fett
15 g Eiweiß

1 Das Kartoffelpüree mit Mehl und Salz verkneten und die Butter in einer Pfanne schmelzen.

2 Den Sterz mit den Fingern in die Pfanne bröseln und zusammen mit allen anderen Zutaten goldbraun anrösten und frisch servieren.

BOHNENSTERZ MIT SPINAT

 4 Port.
 20 Min.
 Leicht

Zutaten

500 g Bohnen, weiß aus der Dose, abgetropft
2 EL Butterschmalz, vegan
750 ml Wasser, warm
500 g Roggenmehl
1 TL Salz
500 g Spinat, frisch
1 Knoblauchzehe, gehackt
1 Zwiebel, gehackt
1 Tomate, gehackt
1 TL Gemüsebrühe, instant
1 Prise Muskatnuss, gerieben
1 EL Öl

Nährwerte p. P.

893 kcal
142 g Kohlenhydrate
18 g Fett
26 g Eiweiß

1 Das Mehl in einer beschichteten Pfanne erhitzen und anrösten, bis es leicht angebräunt ist. Nun langsam das Wasser hinzugießen und alles gut vermischen.

2 Die Mischung so lange köcheln lassen, bis das Wasser komplett aufgenommen ist. Anschließend die Bohnen hinzugeben und alles leicht zerbröseln.

3 Den Spinat unter frischem Wasser waschen und gut abtropfen lassen. Die harten Stängel entfernen und den Spinat leicht klein hacken.

4 Eine weitere Pfanne erhitzen und das Öl mit Zwiebel, Knoblauch, Tomate, Salz, Muskatnuss, Gemüsebrühe und Spinat hineingeben. Alles zusammen servieren.

WEIßKOHLSTERZ

4 Port.

25 Min.

Leicht

Zutaten

500 g Bohnen, weiß aus der Dose, abgetropft
2 EL Butter, vegan
750 ml Wasser, warm
500 g Roggenmehl
1 TL Salz
300 g Weißkohl, in Streifen
1 EL Öl
200 ml Gemüsebrühe
1 Zwiebel, gehackt
1 Knoblauchzehe, gehackt
1 Prise Pfeffer

Nährwerte p. P.

778 kcal
138 g Kohlenhydrate
9 g Fett
24 g Eiweiß

1 Das Mehl in einer Pfanne anrösten, das Wasser hinzugeben und alles vermischen, bis dies gut aufgenommen ist. Die Bohnen und die Butter hinzufügen. Alles leicht zerbröseln und etwas auslüften lassen.

2 Das Öl in einem großen Topf erhitzen. Den Weißkohl darin anbraten und Zwiebel, Knoblauch, Salz und Pfeffer hinzugeben. Alles mit der Brühe ablöschen und die Mischung für 10 - 15 Minuten garen lassen. Zusammen mit dem Sterz anrichten und frisch servieren.

SALATROLLEN MIT STERZ

4 Port.

35 Min.

Leicht

Zutaten

2 Schalotten, gehackt
1 Dose Kichererbsen, abgetropft
12 g Ingwer, gerieben
1 EL Chiliflocken
1 Prise Salz
1 Prise Pfeffer
1 EL Kreuzkümmel, gemahlen
1 kg Kartoffeln, zu Kartoffelpüree gestampft
100 g Weizenmehl
1 Tomate, gehackt
2 EL Öl
1 TL Balsamicoessig
50 g Butter, vegan
2 Salatherzen, zu einzelnen Blättern

Nährwerte p. P.

488 kcal
59 g Kohlenhydrate
21 g Fett
11 g Eiweiß

1 Das Kartoffelpüree mit dem Mehl vermischen und zusammen mit der Butter in eine Pfanne geben. Das Ganze anrösten, zerkleinern und in eine hübsche Schale füllen.

2 Die Salatblätter auf einer Platte anrichten und neben den Sterz stellen. Nun in einer Schüssel die Kichererbsen mit dem Öl und den restlichen Zutaten vermischen und alles zusammen servieren.

Tipp: Kann auch gerne mit Dip verzehrt werden.

VEGANES GULASCH MIT STERZ

4 Port.

35 Min.

Leicht

Zutaten

2 EL Öl
1 EL Tomatenmark
1 EL Senf
1 kg Kartoffeln, weichgekocht
100 g Roggenmehl
50 g Butter, vegan
1 Paprika-Trio, in Stücken
1 Prise Salz
2 Zwiebeln, in Stücken
1 Dose gehackte Tomaten
200 ml Gemüsebrühe
400 g Räuchertofu, in Würfel
2 EL Sojasauce
1 Chili, gehackt
2 Knoblauchzehen, gehackt
2 Zwiebeln, in Viertel
2 EL italienische Kräuter, getrocknet

Nährwerte p. P.

668 kcal
71 g Kohlenhydrate
27 g Fett
27 g Eiweiß

1 Das Öl in einen großen Topf geben. Den Tofu mit den Zwiebeln, Knoblauch, Kräutern und der Sojasauce anbraten.

2 Die Kartoffeln mit dem Mehl und etwas Salz vermischen. Die Butter in einer Pfanne erhitzen und die Mischung hineinbröseln. Alles goldbraun anbraten und zur Seite stellen.

3 Die restlichen Zutaten zum Tofu geben und alles mit der Brühe und den Tomaten ablöschen und für zehn Minuten einköcheln lassen. Zusammen mit dem Sterz servieren.

STERZ-CHAMPIGNONS

2 Port.

20 Min.

Leicht

Zutaten

8 Champignons, groß, ohne Stiel
200 g Frischkäse, vegan
1 EL Petersilie, gehackt
1 Zwiebel, gehackt
1 Knoblauchzehe, gehackt
1 Prise Salz
50 g Butter, vegan
200 g Weizenmehl
500 ml Wasser, heiß
200 g Roggenmehl

Nährwerte p. P.

941 kcal
144 g Kohlenhydrate
23 g Fett
31 g Eiweiß

1 Eine beschichtete Pfanne erhitzen und die Mehlsorten sowie das Salz miteinander vermischen. Die Mehlmischung in der Pfanne anrösten und nach und nach mit dem Wasser vermischen. Die Butter untermischen und alles zu einer krümeligen Masse braten.

2 Die Pilze mit einem feuchten Tuch reinigen und in eine Auflaufform setzen. Dabei sollte die Öffnung oben sein.

3 Frischkäse, Sterz, Petersilie, Zwiebel und Knoblauch leicht vermischen und in die Pilzköpfe füllen. Alles für 15 – 20 Minuten bei 180 °C Umluft im Backofen garen lassen.

BROKKOLI-STERZ-PFANNE

4 Port.

35 Min.

Leicht

Zutaten

50 g Butter, vegan
200 g Weizenmehl
1 Prise Salz
500 ml Wasser, heiß
200 g Roggenmehl
1 Knoblauchzehe, gehackt
200 ml Schlagcreme
100 ml Gemüsebrühe
50 ml Weißwein
300 g Brokkoli, in Röschen
250 g Erbsen, TK

Nährwerte p. P.

680 kcal
78 g Kohlenhydrate
29 g Fett
17 g Eiweiß

1 Eine beschichtete Pfanne erhitzen und das Mehl sowie das Salz hineingeben und alles kurz anrösten. Die Mehlmischung schrittweise mit dem Wasser vermischen.

2 Eine weitere Pfanne erhitzen, das Öl erhitzen und die Brokkoliröschen darin zusammen mit Knoblauch und Zwiebel anrösten. Alles mit dem Weißwein und den grünen Erbsen vermischen und die Gemüsebrühe sowie die Schlagcreme untermischen. Abschmecken und für zehn Minuten durchziehen lassen.

3 Die Butter unter den Sterz mischen und alles zu einer krümeligen Masse braten. Mit dem Brokkoli servieren.

STERZTEIGPIZZA

4 Port.

35 Min.

Leicht

Zutaten

1 kg Kartoffeln, zu Brei
100 g Mehl
50 g vegane Butter, geschmolzen
1 Prise Salz
1 TL Sojassauce
1 Dose Pizzatomaten
1 Bund Basilikum, einzelne Blätter
100 g Rucola, gewaschen
10 Cocktailtomaten
200 g Feta, zerbröselt

Nährwerte p. P.

1355 kcal
54 g Kohlenhydrate
117 g Fett
17 g Eiweiß

1 Den Backofen auf 200 °C Umluft vorheizen und ein Backblech mit Backpapier bereitstellen. Die Kartoffeln mit dem Mehl, Salz und der geschmolzenen Butter vermischen und auf dem Backblech ausrollen.

2 Die Pizzatomaten mit der Sojasauce vermischen und auf den Teig streichen. Alle anderen Zutaten darauf geben und zuletzt mit dem Feta bestreut im Backofen für 15 - 20 Minuten garen lassen.

STERZ-GEWÜRZPFANNE

4 Port. 15 Min. Leicht

Zutaten

500 g Bohnen, weiß aus der Dose, abgetropft
1 Bund Petersilie, gehackt
½ Bund Schnittlauch, gehackt
2 EL Butter, vegan
750 ml Wasser, warm
500 g Roggenmehl
1 Prise Pfeffer
1 TL Paprikapulver, edelsüß
1 EL Öl
1 Knoblauchzehe, gerieben
9 g Ingwer, gerieben
½ Bund Thymian, gehackt
3 Stängel Rosmarin, gehackt
½ Bund Oregano, gehackt
1 TL Salz

Nährwerte p. P.

762 kcal
136 g Kohlenhydrate
9 g Fett
23 g Eiweiß

1 Das Mehl mit dem Salz in einer Pfanne anrösten, das Wasser schluckweise dazugeben und alles so lange anrösten, bis das Wasser aufgebraucht ist.

2 Die Butter mit den anderen Zutaten untermischen und alles für 5 - 10 Minuten anrösten und frisch servieren.

MISO-STERZROLLEN

4 Port. 25 Min. Leicht

Zutaten

1 kg Kartoffeln, zu Brei
6 Miso-Blätter
100 g Weizenmehl
1 Prise Salz
50 g Butter, vegan
1 Karotte, in schmale Streifen geschnitten
Sojasauce zum Servieren

Nährwerte p. P.

1134 kcal
33 g Kohlenhydrate
107 g Fett
6 g Eiweiß

1 Salz, Mehl, Kartoffeln und Butter in einer Pfanne vermischen und zu einer krümeligen Masse anrösten. Diese leicht abkühlen lassen.

2 Die Miso-Blätter auf der Arbeitsplatte auslegen und mit dem Kartoffelsterz bedecken. Dabei sollte jeweils ein halber Zentimeter vom Rand frei bleiben.

3 Einen Karottenstreifen auf den Anfang des Sterz legen und das Miso-Blatt an den freien Stellen leicht mit Wasser befeuchten. Nun mit etwas Druck aufrollen und mit einem sehr scharfen Messer in Scheiben schneiden.

4 Die Scheiben mit der Sojasauce anrichten und servieren.

FLAMMKUCHEN MIT STERZ

4 Port.

30 Min.

Leicht

Zutaten

1 Flammkuchenteig, vegan, aus der Kühlung
200 g vegane Schmand-Creme
150 g veganes Hähnchenfilet, mariniert aus der Kühlung
1 kg Kartoffelpüree
100 g Mehl
1 Prise Salz
Pfeffer, frisch
50 g vegane Butter, geschmolzen
2 Frühlingszwiebeln, in Ringen

Nährwerte p. P.

529 kcal
54 g Kohlenhydrate
26 g Fett
16 g Eiweiß

1 Ein Backblech mit Backpapier bereitstellen und den Flammkuchen darauf ausrollen. Den Backofen nach Packungsanleitung erhitzen.

2 Mehl, Kartoffeln und Butter vermischen und kurz quellen lassen. Die Schmand-Creme mit den Frühlingszwiebeln, Salz und etwas Pfeffer vermischen und auf den Teig streichen.

3 Das Hähnchen klein hacken und darauf verteilen. Den Sterz mit den Fingern darauf bröseln und alles nach Packungsanleitung goldbraun im Backofen ausbacken.

STERZ-CURRY MIT ANANAS

 4 Port.  35 Min.  Leicht

Zutaten

70 g Butter, vegan
1 TL Salz
500 ml Wasser, kochend
400 g Weizenmehl
1 Dose Kokosmilch
1 Dose Ananas, in Stücken, abgetropft
2 EL Ananassaft aus der Dose
1 EL Curry
1 TL Kurkuma
1 Prise Cayennepfeffer
1 Prise Pfeffer
300 g Räuchertofu, in Würfeln
2 EL Öl

Nährwerte p. P.

979 kcal
94 g Kohlenhydrate
53 g Fett
26 g Eiweiß

1 Das Mehl mit dem Salz in eine große Schüssel geben. Das Wasser in drei Teilen hineingeben und mit einer Gabel zu groben Stücken vermischen.

2 Einen Topf mit dem Öl erhitzen und den Tofu darin anbraten. Die Ananas dazugeben und kurz mit anbraten. Currypulver, Kurkuma, Pfeffer und Cayenne dazugeben und alles mit dem Ananassaft und der Kokosmilch ablöschen.

3 Eine Pfanne erhitzen und die Butter schmelzen. Den Sterz darin anrösten und frisch mit dem Curry servieren.

STERZ-PIZZA-SALAT

1 Port.

35 Min.

Leicht

Zutaten

1 Prise Salz
1 Prise Pfeffer
800 ml Wasser
100 g Butter, vegan
250 g Polenta
100 g Feldsalat, gewaschen
2 Tomaten, gewaschen, gehackt
1 Zwiebel, in feinen Ringen
100 ml Schlagcreme
1 EL Senf
1 TL Tomatenmark
2 Essiggurken, gehackt
10 Oliven, halbiert

Nährwerte p. P.

2059 kcal
200 g Kohlenhydrate
122 g Fett
30 g Eiweiß

1 Die Schlagcreme mit Tomatenmark, Senf sowie Salz und Pfeffer vermischen. Salat, Tomaten, Zwiebel, Essiggurken und Oliven dazugeben und alles gründlich vermischen.

2 Das Wasser mit dem Salz vermischen und die Polenta einrühren. Den Deckel aufsetzen und alles für 20 Minuten ruhen lassen. Eine Pfanne erhitzen und die Butter schmelzen.

3 Die Butter mit dem Sterz vermischen, diesen zerbröseln und auf einer Platte oder einem Teller anrichten und mit dem Salat servieren.

Süßer Sterz

KOKOS-ERDBEEREN-CHILI-AUFLAUF

4 Port.

35 Min.

Leicht

Zutaten

1 Prise Salz
50 g Butter, vegan
200 g Kokosflocken
500 ml Wasser, heiß
9 g Ingwer, gerieben
1 Chili, gehackt
400 g Beeren, TK
100 ml Weißwein
500 g Erdbeeren, in Viertel
½ Bund Minze, gehackt
200 g Roggenmehl

Nährwerte p. P.

1544 kcal
54 g Kohlenhydrate
136 g Fett
10 g Eiweiß

1 Eine beschichtete Pfanne erhitzen und das Mehl, Chili, Salz, Kokosflocken, Ingwer und Minze miteinander vermischen.

2 Das Wasser nach und nach einarbeiten und sobald dieses komplett aufgebraucht ist, die Butter untermischen und alles zu einer krümeligen Masse braten.

3 Die Erdbeeren in einem Topf erhitzen und zusammen mit den Beeren kurz aufkochen, alles mit dem Weißwein ablöschen. Die Beerenmischung in eine Auflaufform geben und den Sterz darauf verteilen.

4 Die Form bei 180 °C Umluft für 15 Minuten im Backofen garen lassen und frisch servieren.

SESAM-KARTOFFELSTERZ-SPIEẞE

4 Port.

20 Min.

Leicht

Zutaten

50 g Margarine, vegan
100 g Weizenmehl
1 kg Kartoffelpüree
1 Prise Zimt
1 Prise Kardamom
1 Prise Ingwer, gerieben
Holzspieße
2 EL Kokosöl
1 TL Ahornsirup
Sesam zum Panieren

Nährwerte p. P.

426 kcal
51 g Kohlenhydrate
19 g Fett
8 g Eiweiß

1 Die Holzspieße für zehn Minuten in kaltem Wasser einweichen. Das Püree mit dem Mehl und den Gewürzen vermischen und das Kokosöl mit dem Sirup vermischen.

2 Den Sterz mit den Fingern um die Holzspieße drücken und diese mit dem Kokosöl bestreichen. Danach im Sesam wälzen.

3 Die Margarine in einer Pfanne erhitzen und die Spieße darin von allen Seiten golden anbraten.

SWEET STERZ-SCHICHTGLAS

4 Port.

20 Min.

Leicht

Zutaten

50 g Margarine, vegan
100 g Weizenmehl
1 kg Kartoffelpüree
1 Prise Zimt
1 Prise Nelke
1 Prise Kardamom
1 Apfel, gehackt
1 Birne, gehackt
100 g Ananas, in Stücken
1 Nektarine, in Stücken
200 ml Schlagcreme
1 Bund Minze, gehackt

Nährwerte p. P.

608 kcal
64 g Kohlenhydrate,
32 g Fett
9 g Eiweiß

1 Das Püree mit dem Mehl und den Gewürzen vermischen, die Margarine in eine Pfanne geben. Den Sterz mit den Fingern hineinbröckeln und alles goldbraun anbraten. Anschließend zur Seite stellen und ruhen lassen.

2 Eine Schicht Sterz in vier schöne Gläser füllen. Die Schlagcreme mit der Minze pürieren und aufschlagen, bis diese schön cremig ist.

3 Nun eine Schicht Obst in die Gläser geben und dieses erneut mit Sterz bedecken. So lange verfahren, bis nichts mehr übrig ist. Den Saft der Früchte auf die Gläser aufteilen und alles mit der Minze und der Schlagcreme bedeckt servieren.

KOKOSSTERZ-COOKIES

4 Port.

35 Min.

Leicht

Zutaten

1 Prise Salz
50 g Butter, vegan
200 g Kokosflocken
500 ml Wasser, heiß
9 g Ingwer, gerieben
1 TL Zimt
½ TL Kardamom, gemahlen
1 TL Zucker
200 g Roggenmehl

Zutaten für den Cookie-Teig:
200 g weiche vegane Butter
1 Banane, püriert
50 g brauner Zucker
230 g Mehl
1 TL Backpulver

Nährwerte p. P.

1234 kcal
98 g Kohlenhydrate
84 g Fett
11 g Eiweiß

1 Eine beschichtete Pfanne erhitzen und alle trockenen Zutaten mit dem Ingwer vermischen. Die Mehlmischung in der Pfanne anrösten und schrittweise mit dem Wasser vermischen. Die Butter untermischen und alles zu einer krümeligen Masse braten.

2 Ein Backblech mit Backpapier auslegen und den Backofen auf 180 °C Umluft erhitzen.

3 Den Cookie-Teig vermischen und den Sterz vorsichtig unterheben. Die Sterz-Brocken sollten nicht kaputtgehen. Nun mit Hilfe zweier Esslöffel und genügend Abstand den Teig auf das Backblech setzen. Die Cookies erhalten ca. die doppelte Größe als die Teigkugel.

4 Die Cookies für 12 - 15 Minuten ausbacken und vor dem Herunternehmen vom Blech komplett erkalten lassen.

KARTOFFELSTERZ-SWEET WRAP

4 Port.

20 Min.

Leicht

Zutaten

50 g Margarine, vegan
100 g Weizenmehl
1 kg Kartoffelpüree
1 Prise Zimt
1 Prise Salz
100 g Apfelmus
50 g Mandelblättchen
80 g Rosinen
4 Wraps

Nährwerte p. P.

718 kcal
100 g Kohlenhydrate
24 g Fett
17 g Eiweiß

1 Das Püree mit dem Mehl und den Gewürzen vermischen, die Margarine in eine Pfanne geben. Den Sterz mit den Fingern hineinbröckeln und alles goldbraun anbraten. Anschließend zur Seite stellen und ruhen lassen.

2 Die Wraps auf einer Arbeitsplatte ausrollen und das Apfelmus mit den Mandelblättchen, dem Sterz und den Rosinen darauf verteilen. Die Wraps aufrollen und servieren.

SWEET STERZ-HOT DOG

4 Port.

20 Min.

Leicht

Zutaten

1 Prise Salz
800 ml Wasser
1 Banane
8 g Ingwer, gerieben
2 EL Kokosmilch
3 EL Kokosraspeln
1 Prise Zimt
1 EL Ahornsirup
4 EL Cranberrys, getrocknet
2 EL Mandelsplitter
100 g Butter, vegan
250 g Polenta

Nährwerte p. P.

2231 kcal
60 g Kohlenhydrate
215 g Fett
9 g Eiweiß

1 Das Wasser in einen großen Topf geben und mit dem Salz aufkochen lassen. Die Polenta einrühren und mit geschlossenem Deckel bei geringer Wärmezufuhr für 15 - 20 Minuten garen lassen.

2 Eine Pfanne erhitzen und die Butter schmelzen. Mit dem Sterz vermischen und diesen zu vier Rollen formen.

3 Den Ingwer, die Banane, Milch, Mandelsplitter und den Sirup in einem Mixer pürieren. Die Sterz damit bestreichen, den Sterz einlegen und alles mit der restlichen Sauce bedecken. Cranberrys, Kokosraspeln und Zimt darüber geben und servieren.

GRIEẞSTERZ-AUFLAUF

4 Port.

35 Min.

Leicht

Zutaten

1 EL Salz
500 g Buchweizenmehl
100 g Butter, vegan
1,5 l Wasser
2 EL Vanillezucker
800 ml Kokosmilch
200 g Weizengrieß
1 Prise Zimt
1 Prise Nelken
1 Prise Kardamom
3x Ei-Ersatz
Öl für die Form
100 g Schokoladenstücke

Nährwerte p. P.

1479 kcal
161 g Kohlenhydrate
81 g Fett
22 g Eiweiß

1 Das Wasser in einem großen Topf erhitzen und das Mehl auf einmal hineingeben. Den Deckel ohne Umrühren auf den Topf legen und alles für 20 Minuten bei geringer Wärmezufuhr köcheln lassen.

2 Das Wasser abgießen, die Butter erhitzen und den Sterz hineinmischen, bröselig rühren und 15 Minuten quellen lassen.

3 Eine geölte Auflaufform bereitstellen und den Backofen auf 180 °C Umluft vorheizen. Einen großen Topf mit der Milch, Zimt, Nelken, Vanillezucker und Kardamom erhitzen.

4 Die Milch aufkochen und den Grieß einrühren. Den Topf vom Herd nehmen und den Ei-Ersatz einarbeiten. Die Mischung in die Form geben.

5 Den Sterz darauf verteilen und die Schokostücke darüber geben. Alles für 15 Minuten ausbacken.

SWEET STERZ-BLITZ-TACHOS

6 Port. 35 Min. Leicht

Zutaten

6 Tachos
1 Prise Salz
1 EL Zucker
1 TL Zimt
1 Mango, in Stücken
1 Orange, in Stücken
100 g Granatapfelstücke
8 Weintrauben, geviertelt
500 g Buchweizenmehl
100 g Butter, vegan
1,5 l Wasser

Nährwerte p. P.

729 kcal
121 g Kohlenhydrate
21 g Fett
11 g Eiweiß

1 Das Mehl mit Salz, Zimt und Zucker vermischen und das Wasser aufkochen. Das Mehl in einer fließenden Bewegung einfüllen, den Deckel auflegen, die Herdplatte ausschalten und die Mischung zehn Minuten ruhen lassen.

2 Das überschüssige Wasser abgießen und den Sterz zerteilen. Die Butter schmelzen und in den Sterz einarbeiten, bis dieser eine krümelige Masse ist. Diese 15 Minuten ruhen lassen und auf den Tachos anrichten.

3 Das Obst darauf verteilen und alles servieren.

SCHOKOSTERZ MIT CHILI UND MINZE

4 Port.

35 Min.

Leicht

Zutaten

1 EL Salz
500 g Buchweizenmehl
100 g Butter, vegan
1,5 l Wasser
1 Bund Minze, gehackt
1 Chili, gehackt
2 EL Kakaopulver

Nährwerte p. P.

627 kcal
98 g Kohlenhydrate
22 g Fett
7 g Eiweiß

1 Das Wasser in einem großen Topf erhitzen und das Mehl auf einmal hineingeben. Den Deckel ohne Umrühren auf den Topf legen und alles für 20 Minuten bei geringer Wärmezufuhr köcheln lassen. Das übrige Wasser abgießen und den Sterz mit einem Kochlöffel zerteilen.

2 In einer Pfanne die Butter erhitzen, Kakao und Chili sowie Minze einrühren und diese Mischung unter den Sterz geben und gut vermischt 15 Minuten ruhen lassen. Dann anrichten und servieren.

Tipp: Wenn das Kakaopulver Rohkakao ist, kann ein Teelöffel Zucker untergemischt werden. Sollte es sich um Rohkakao handeln, eignen sich diese Sterz-Stücke ebenso zum Fleisch.

OBSTSALAT MIT STERZ-STREUSELN

4 Port.

25 Min.

Leicht

Zutaten

50 g Butter, vegan
1 Apfel, in Stücken
500 ml Wasser, heiß
1 Banane, in Stücken
1 EL Zitronensaft
3 EL Apfelsaft
200 g Roggenmehl
1 EL Ahornsirup
1 TL Zimt
2 Pflaumen, in Stücken
1 Kiwi, in Stücken
3 Aprikosen, in Stücken
200 g Weizenmehl

Nährwerte p. P.

517 kcal
88 g Kohlenhydrate
11 g Fett
10 g Eiweiß

1 Das Mehl und den Zimt vermischen und diese Mischung in einer Pfanne anrösten. Das Wasser peu à peu hinzufügen und immer wieder verdampfen lassen.

2 Sobald das Wasser aufgebraucht ist, die Mischung mit der Butter goldbraun braten und erkalten lassen.

3 Den Sirup mit dem Saft vermischen und die Früchte hineingeben, alles gut umrühren und mit den Sterz-Streuseln servieren.

KARTOFFELSTERZ MIT BRATAPFEL

4 Port.

20 Min.

Leicht

Zutaten

50 g Margarine, vegan
100 g Weizenmehl
1 kg Kartoffelpüree
3 Äpfel, in Stücke geschnitten
100 g Mandelsplitter
1 EL Kokosöl
1 Prise Zimt
1 Prise schwarzer Pfeffer
1 Prise Salz
100 g Rosinen

Nährwerte p. P.

720 kcal
79 g Kohlenhydrate
35 g Fett
15 g Eiweiß

1 Das Püree mit dem Mehl und den Gewürzen vermischen, die Margarine in eine Pfanne geben und schmelzen. Den Sterz mit den Fingern hineinbröseln und alles goldbraun anbraten.

2 Eine weitere Pfanne erhitzen, das Kokosöl mit den Mandeln, Rosinen und den Äpfeln anbraten und zusammen mit dem Sterz servieren.

KOKOSSTERZ

 4 Port.
 35 Min.
 Leicht

Zutaten

1 Prise Salz
50 g Butter, vegan
200 g Kokosflocken
500 ml Wasser, heiß
9 g Ingwer, gerieben
1 TL Zimt
½ TL Kardamom, gemahlen
1 TL Zucker
200 g Roggenmehl

Nährwerte p. P.

594 kcal
38 g Kohlenhydrate
42 g Fett
7 g Eiweiß

1 Eine beschichtete Pfanne erhitzen und alle trockenen Zutaten mit dem Ingwer vermischen. Die Mehlmischung in der Pfanne anrösten und schrittweise mit dem Wasser vermischen.

2 Die Butter untermischen und alles zu einer krümeligen Masse braten. Frisch servieren.

KIRSCH-STERZSTREUSEL-AUFLAUF

4 Port.

25 Min.

Leicht

Zutaten

1 Prise Salz
50 g Butter, vegan
200 g Weizenmehl
2 Gläser Schattenmorellen
100 ml Mandelmilch
100 g Marzipanrohmasse, geraspelt
1 TL Zimt
500 ml Wasser, heiß
200 g Roggenmehl

Nährwerte p. P.

579 kcal
91 g Kohlenhydrate
16 g Fett
12 g Eiweiß

1 Das Mehl mit Salz, Zimt und einer kleinen Menge Wasser in einer Pfanne erhitzen und so lange vermischen, bis das Wasser aufgebraucht ist. Sofort weiteres Wasser hinzufügen, bis alles verarbeitet ist. Dann mit der Butter vermischen und krümelig braten.

2 Die Kirschen gut abtropfen lassen und in eine Auflaufform geben. Den Sterz darauf verteilen und den Backofen auf 180 °C Umluft vorheizen.

3 Die Milch mit dem Marzipan aufkochen und so lange vermischen, bis sich das Marzipan aufgelöst hat. Diese Mischung über den Auflauf geben und diesen für 10 – 15 Minuten im Ofen ausbacken lassen.

ZIMT-ZUCKER-INGWER-STERZ

4 Port.

25 Min.

Leicht

Zutaten

1 Prise Salz
8 g Ingwer, gerieben
1 TL Zimt
1 EL brauner Zucker
½ TL Kardamom, gemahlen
50 g Margarine, vegan
200 g Weizenmehl
500 ml Wasser, heiß
200 g Roggenmehl

Nährwerte p. P.

445 kcal
73 g Kohlenhydrate
11 g Fett
9 g Eiweiß

1 Eine beschichtete Pfanne erhitzen. Bis auf die Margarine und das Wasser alle Zutaten miteinander vermischen und anrösten.

2 In die Mehlmischung nach und nach das Wasser mischen. Die Margarine untermischen und alles zu einer krümeligen Masse braten. Frisch servieren.